U0067272

家族歷史與心理治療

——家庭重塑實務篇

王 行◎著

王行

作者簡介

學歷：輔仁大學心理學博士
現任：東吳大學社會工作學系教授
關注領域：
　　家庭關係、男人的社會處境、
　　儒家思想與助人工作、非自願
　　性案主

再版序

用中國人的心眼來看中國人的家庭故事

1987 年夏天在美國科羅拉多州 Crested Butte 小小鎮上與薩提爾的會晤至今仍十分難忘。在我的心中，Crested Butte 山峰的峻峭秀麗永遠難忘，仍然記得第一次看到家庭雕塑的震撼，與眾多種族的人一齊探討家庭歷史的特別經驗。看到不同國家種族的人在 Satir 的魅力之下，有了共通的語言與共鳴，當真感受到跨文化的人類通性，然而我清楚知道我與他們並不共有同樣的歷史。

他們知道 1950 年我國的「內戰」，但他們不知道相隔小小海峽，兩岸無法與親人聯繫的感覺，不知道如同「那一夜我們說相聲」當中所描述的台灣難民營，來自大陸各省份，同文同種卻語言不通的人民集聚在小小島上，是個什麼光景。他們也不能理解電影「大紅燈籠高高掛」的一夫多妻制度裡，每一房的後代子孫有怎樣的影響，一個重男輕女家庭裡，姊姊送出去做養女之後，妹妹的心情與恐懼不安又如何。他們更不知道經過日本統治五十年之後，台灣重回祖國懷抱之後，對日本與國民政府各有怎樣的複雜心情，他們怎能了解白色恐怖受迫害甚或死亡的人，他們的後代如何適應新的政權，誰又能想像推行國語期間，說自己母語台灣話要受老師處罰的孩子心中的困惑。五十年後，兩岸通了，父母返家，兩岸的重複婚姻是時代悲劇的後果，每一個家庭卻又如何咀嚼這些故事？也

許每一個民族都有許多外人無法完全理解的經驗。

　　記得有一個下午，薩提爾大踏著步子領著我們九十名學員外出，一人手中抓著一個大氣球，準備要去施放。她要我們每個人寫個小紙條繫於汽球下方，我毫不猶豫寫下了自己的夢想，「為我的國人作家庭重塑」。到一片寬闊的草地上，大家一齊放了手，看著一大堆色彩繽紛的汽球冉冉上升，那一個下午，天特別蔚藍清朗，直到所有汽球消失在視線之外，包括我的小小夢想與承諾。

　　我的立志仍在心底，薩提爾引導冥想的渾厚聲音猶在耳邊，這樣一份使命感、一份深情、一份美感，沉在我的心底，陪伴了我許多日子的工作。如今，十餘個年頭過去，社會好多變遷，專業領域好多變化。1988 年薩提爾去世了，她的弟子 John Banmen 和 Maria Gomori 持續來台，繼續其志，貢獻甚大，也對台灣的心理成長界影響甚大。國內人才輩出，有關的書籍陸續有中文譯本問世，薩提爾模式儼然是當今台灣心理治療的主流之一。

　　在後現代的潮流裡提倡反思，對於家庭重塑，是否也到了反思的時刻？反思是能夠跳出來重新看看、想想，不要井中觀天而能換一個框架，放寬一下角度。其實那也正是重塑的精神。家庭重塑邀請我們用長大的眼光重看自己生長於其間的家。這會兒卻是邀請讀者用另一個眼光重看一次家庭重塑，邀請工作多年、成長多年的人，拿出中國人或台灣人的心眼，重看這一項由西方引進的理論與成長原理。家庭歷史與心理治療這書的再版中，增加了文化的回顧，與專家姿態的省思。

　　王行一向勇於挑戰。甘冒大不諱，向主流心理成長和治療的理論提出質疑，我不能不為他的勇氣喝采。多年來我與王行一起工作，一路上我們討論過許多，我們都不認為這本書裡面的思想成熟

周詳，卻欣喜於一個爭議討論的開始。

　　翻箱倒櫃找出我曾收到薩提爾給我寫的一封回信，當時她正在飛往俄羅斯工作的旅途中，在信上說她相信人類所有的問題都來自於人的低自我價值感。她斬釘截鐵的將自我價值的影響視之為一個廣泛的普同性的現象。當時，我對這個遙遠而陌生的民族所知甚少，卻相當肯定薩提爾所持信念，多年來未曾懷疑過。一個穩定的信念給人立足點和方向，也讓人有朝此方向發展的力量，然而這些普同性的信念是否也有例外？

　　成為一派宗師當然要有她的明確信念。但是，當如此普同性的理念成為一個模式，在長久的歲月和不同的地區代代相傳，收入到每一個文化當中的時候，有沒有調整的需要和修正的空間？會不會顯得狹隘或成為一種宰制式的意識型態呢？這正是值得邁入成熟階段的我們三思的。要認識一個成長與治療的模式是需要時間的，不能光看其表面就草率的論斷，需要經過充分的消化與實驗。薩提爾風靡台灣地區十幾年之後，是可以開始作一些反省，並不是此一模式特別需要反省，而是所有助人領域的理論模式經過相當時日都應該加以回顧反思，才是一種專業負責的態度。

　　我一直相信人性裡有些東西是跨文化的，也有些事物習俗是文化特色的，更有一些是個別差異的或性別差異的。本書作者指出薩提爾的基本假設與本土草根性之間的差異就十分耐人尋味。

　　在我和王行的工作坊裡，也曾有許多中國人的家庭故事上演，在其中我們拓展了對家與人的認識，我們發現家庭重塑可以展現地域性的故事史實，其實應該說是家庭重塑打開了我的眼界，我才知道中國人的家庭如此多元而又如此類似，也才看出來家與國的歷史如此息息相關，而發現需要有鉅視的眼光，和文化性的角度才敷運

用。

　　我們的歷史文化、政治經濟，造就出我們獨特的苦與樂、情與仇。是不是與西方治療觀點、家庭觀點、個人主義有所差別呢？在這個中國人無根的時代，與尋根的過程裡，我們可能增加了當事人的適應性，會不會也減弱了一些什麼精神意義呢？這是我們在後期的工作中常在思考的。參加心理成長運動雖非多數人口，但是不能否認的，也是令人高興的。這些運動與思潮對於社會是有某一程度的潛移默化的影響，因此身為實務工作者的我們往往有機會也有需要擔任起觀察者的角色，一起來看看過去幾十年來，家庭重塑對社會的功過如何？正負影響如何？

　　本土家庭裡許多值得珍惜之處，在重視多元文化的今日，不把文化特色當病態乃一基本原則。當事人的一些因應方式可能由治療觀點來看是不健康有待改變的，卻可能也在其間呈現出來某種文化性美感或韌性。一些人為家人甘願犧牲求仁得仁，例如辭職放下一切回家照顧生病的父母，的確那是在滿足她自己的未滿全願望（un-ment expectation），但是她也在侍奉到底之後有了完全的心安理得；又如不肯離開家庭的被毆打妻子，硬是忍耐到了兒女長大、夫婦年邁，讓年歲來結束暴力，似乎也是一種求仁得仁，誰能說這種婦女一定不智呢？面對這樣的案主，我們也曾內心交戰於視之為病態連結，或視之為特殊的因應之下的韌性，應該尊敬他的堅持及親情，還是應該在他的獨立追求自我上面加把勁兒。

　　對於這樣的衝突，我們學到不以單一價值看待，承認屬於我們的困惑與不確定，倒讓出了一個寬裕的討論的空間。孝女自我犧牲的抉擇、老兵的沈默不作表達、無我到底的母親，不顧妻子哀怨的長子，為弟妹無怨無悔付出的兄姐，倘若我們不把這些個人風範與

家庭倫理當成病態的依附關係，也能陪著當事者看到自身與其家庭的美麗而有另外一份超越性的寬慰。

文化有其俗化與高雅，交談的品質每個人的堅持不同，在自我認識與家庭探索上有知與不知的選擇。這些都是值得尊重的。

在家庭重塑裡，詮釋權理應交給當事人，但是當探索者站在團體面前，面對的治療者的專業權威時，仍然很難不受到治療者的價值判斷影響，語言高明精緻的治療者豈能不察覺自己擁有的權力？是否有過多的個人主義？追求獨立自立的意識型態控制其間？是否也需要察覺所抱持的治療模式在怎樣掌控了團體、當事人與治療者自己？

當王行與我發現我們工作的狹隘之處：老是走向分化、獨立。這會不會是已經內化了的單一方向呢？又發現可以有更多與家庭和好寬恕的靈性層面。於是反省之心已經在體內醞釀，於是「抗拒案主」再度贏得我們的尊敬與好奇。

我們認為家庭重塑要多一個文化認同的因子、和一個專家的自省，已便更能將重塑的精神真正實現，放下落入專業霸權的可能性，尊重文化特色，協助案主自我欣賞。

讀者必定要問：充滿人本主義精神的薩提爾模式怎麼會有霸權主義氣息呢？其實霸權與否在於使用者的態度而不在於原著者的內涵。以案主中心心理治療創始者卡爾・羅吉思為例，我以為他的思想壟斷台灣的心理諮商領域二、三十年，至今仍對社工會談技巧影響深遠。在助人會談的訓練工作時，發現許多工作者在做引導發問時，總要先機械化的先來一段同理式的回應，也有許多社工人員想起會談技巧，第一掛帥的就是同理心，甚至有些工作者唯恐自己不夠同理心而使得在會談當中欠缺了某些該有的原則及界線的堅持。

這些現象都可能是因為誠惶誠恐的奉羅吉思的同理心及接納尊重案主之態度為圭臬之原故，這絕非羅吉思的本意，而是追隨者與使用者的省思度不夠，致使羅吉思的治療模式也可能成了宰制性的意識型態，充滿霸權色彩，也使同理心這種本應內化了的態度竟淪為一種叫人不自由的匠氣技巧。

　　薩提爾是我生命中的恩師與智者。家庭重塑仍然是我助人生涯中的最愛之一，對我而言，所謂「重塑家庭重塑」無非是引發專業助人工作者反思之心與自我批判的態度。薩提爾模式只是一個例子，其實每一種治療模式都應該在消化相當年份之後與以專業上的重塑與文化性的反思。每一名助人專業工作者也都應該察覺自身在案主面前具有的專業權威與影響力。或許這種精神可以稍微緩解因證照制度實施，而可能更為高張的專家權控之勢。

資深心理輔導實務工作者

鄭玉英

目錄

家族歷史與心理治療

第一部分

實務者的理論

家族歷史與心理治療

第一章 心理困擾與改變歷程

不論社會工作或心理治療，大體上皆是希望透過專業性的輔導關係，來改變一個在生活上適應困難，或發展上遇到障礙的個體。有經驗的工作者都有相同的認知：「改變」不是簡單的過程，而「困難」與「障礙」更像是一堆凌亂的線團，複雜而奧秘，剪不斷理還亂……。

一位常常「不開心」的大學生，親人和朋友一致認為，她的問題只是「想不開」、「愛鑽牛角尖」、「悲觀主義」，因而常常勸她「看開一點！」「事情沒那麼嚴重！」「妳應該出去走走！」「跟妳弟弟學學，瞧瞧他過得多開心！」然而這個女孩愈來愈不開心了，因為她更感到孤單和沒有人了解。透過輔導的歷程，她的「不開心」像是洋蔥般，一層層地被攤開，反映出她的整個生命經驗：人際關係的匱乏、生活範圍的侷促、習慣性的負面思考模式、嚴厲的自責、誇大的自我期許、從小被忽略的童年、自怨自艾的媽媽、不負責任的爸爸、心中從未表達的憤怒與渴望、過分的犧牲來換取被愛。背著這些沈重的包袱，走了二十年，「不開心」已經成為她生活中習慣的基調。她因為「不開心」而與人疏離，但也因「不開心」而被人關懷；「不開心」啃蝕她大半青春年華，但「不開心」也成為避風港，免去許多冒險犯難的機會。這個「不開心」像是她多年的老友，絕不會因為聽到一些生活哲理，而輕易地離開她，因而「改變」對她來說，不會是件輕易的事。

行為與脈絡

　　人的行為、思考及感受的發生，無論他人看來是多麼荒誕不合理，但對當事人來說，一定是其來有自地符合個人的「脈絡」（context）。所謂脈絡指的是過去經驗的背景與現有環境的影響。成為一位大學老師有其脈絡，嫁給一位木訥的老公有其脈絡。它們不單只是道德與否，或能力有無所能簡單歸因；亦不可化解成緣分或運氣使然可以解釋。事實上，這些人生重大事件，都是一連串過去和現在的因子互動而成。

　　小莉三度捲入三角戀愛，而兩次都扮演婚姻下的第三者，這個角色使她吃盡了苦，委屈無處訴。旁人都以異樣的眼光，質疑她的道德與品格，認為她是自找苦吃，自甘墮落；她亦自責於本身的情不自禁，厭棄每次的不可自拔。才三十出頭，卻被情海所折磨，像是歷經滄桑。算命的說她在情感上註定是偏房，這倒使她認了命，繼續沈浮於矛盾與失望的邊緣。但是在每週一次的心理治療中，她卻對自己的脈絡有了重大的發現：從小她就是父親最寵愛的小公主，爸爸常常帶著她去散步，去外地開會。隱約中，小小的心靈也可感受到母親的感受，她對母親雖然有些抱歉，但卻沒有太多的同情，因為她覺得真正委屈的是爸爸。媽媽的無知、嘮叨、不解情趣，正是令她的男人失望的地方，而善解人意的小公主，正可以安慰這顆孤寂的心。直到父親有了真正的外遇，小公主的心碎了……。一個感情豐富的男人，與一個平淡的女人生活在一起，而遇到一位善解人意的小公主，像是部不斷重播的老舊電影。某種事業成功，但情感寂寞的男子，對小莉成了致命的吸引力。好像是在重

　　　　　　　　　　　　　家族歷史與心理治療

溫舊愛，亦是在彌補遺憾，但她始終無法使一個男人留在她身邊。

改變與抗拒

　　人的行為被脈絡所牽絆著，不管合理與否。直到有一天，負面代價愈來愈多，身心愈來愈苦，才開始產生了改變的意願，希望從過去的陰影與現在的困阨中掙脫出來。作為一個治療者，往往可以看到案主的改變動機，常常與遭遇的苦難成正比。苦難對人生來說真是位嚴厲的導師，使人自覺，也教人謙卑。

　　從痛苦的引發到對脈絡的了解，點燃了改變的心意，但是當準備要步上改變之途，仍有許多困難。常有案主在會談內，滿懷信心地願意重整自己的步伐，但是到了現實環境裡，卻發現改變的阻力還真大。這些阻力有來自外在的，也有自己內在產生的排斥，我們把這個現象稱之為「抗拒」（resistance）。改變與抗拒像是同胞手足，並且常常一起出現。

　　一位媽媽上成長課程，努力地學習新的與子女的相處之道，這些方法大致都是在強調表達愛意與讚美，然而孩子們給她的回饋卻是：「好肉麻喔！媽媽越來越奇怪了。」孩子們不是不需要，更不是不喜歡，只是不習慣，這些反應卻令脆弱的媽媽洩足了氣。

　　一位女孩面臨失戀的痛苦，有時候她知道自己不必再用低下的姿態，來求取男孩子回到身邊，因為每一次男孩的回頭，帶給她的只是更多的羞辱與不安，但是另外一些時候，她卻忍受不了心中空洞的啃蝕，停不住地去想他、猜他、接近他。對她來說，她真的很想改變，學習用堅強的心來照顧與愛護自己，然而當在獨處時，似乎最難面對與接近的，還是自己。

任何一個新行為，進入系統時，都會帶來系統上的失衡或混亂（這裡所談的系統可以是一個組織、一個社區、一個家庭或一個人），而引發系統的反彈；舊的行為雖然造成一些困難，然而畢竟符合了系統的脈絡。新的行為也許更適合系統的需要，卻無法與脈絡整合。外科移植手術往往會發生排斥的現象，成為成敗與否的關鍵，同樣的，心理治療的過程中，如何處理抗拒，是成為一個治療者，常常要去思考的主題。

第二章 應對壓力之道

「問題的本身不是問題，如何面對問題才是問題」。家族治療大師薩提爾（V. Satir）對於「改變」的工作重點，往往不是在當事人所面臨的難題，而是在當事人面臨難題時的反應。

生命中有許許多多的難關，像是：理想的幻滅、分離的哀傷、失敗的挫折，都如同日月星辰般地存在於人生的旅途中，任何一個人都無法豁免於這些苦澀的襲擊。而現代人用種種的方式來躲避人世間存在的痛苦，反而製造了更多心靈上的痛苦。有人因為不願承受失敗的打擊，而活在幻想的世界，不斷提出偉大的方案與計畫，卻從不著手執行。有人因為不敢面對失戀的痛苦，而竭盡其力，想要挽回一份無望的愛。有人因為害怕空虛的啃蝕，而用過度的酒、性、藥物，甚至於用工作來麻醉自己的感覺。受虐的兒童無法承受父母有錯的事實，而塑造出一個「假我」，在成長後，無法與人產生親密與信任。

其實讓我們一再受傷與挫敗的，往往不是外在的壓力，而是我們處於壓力之下的因應之道。這些因應之道，可能早就在我們很小的時候，毫不設防的情境下，漸漸地輸入記憶中，像是設定好的程式，在某些感受相似的情境中，就會自動化的顯現出來。在早期的時候，這些因應之道，不一定是不好的，相反的，它們往往是我們在當時所以能夠度過困難的重要生存法則，然而當事過境遷，我們再用以前的方式來面對當前的壓力時，就會引發一些不適應的徵狀。

小周生長在一個資源相當有限的家庭中，七個兄弟姊妹要得到父母的特別關愛，可不是太容易的事，但小周卻以優異的成績及處

處勝人一籌的才藝，脫穎而出，受到父母的重視，並且也成為日後事業發展的良好根基。然而在他四十歲的人生中，處處爭第一的個性，卻使他受了不少苦，不但給了自己強大的壓力，並且也讓旁人很怕與他共事。但是對於小周來說，當他看到有人比他做的更好，得到權威更多的欣賞時，像任何人一樣，都會形成自己心中的壓力，而小周的因應之道，多年以來就是與之競爭。

任何面對壓力之因應之道，必有其特殊的功能與價值，在成長的過程中，扮演極重要的角色，如果過度重複使用時，雖然有時尚能配合環境需求，但是仍然累積了相當的代價，使得當事者生活的某一面有其殘缺。一位總是善解人意的家庭主婦，得到了很多美譽，也使她的家庭擁有最完善的照顧，當子女長大時，更是難忘母親的犧牲奉獻，然而面臨空巢的人生階段時，她卻有鮮為人知的焦慮與不安，長久的委屈求全，使她對於自己的需求甚為陌生，子女相繼離去，她頓時失去了生活的重心，往年的美德，使她付出極大的代價——「自我」。

改變的動力，往往來自：1.感受到過去習慣的面對壓力之道，在目前環境中造成的困擾；2.察覺到自己不知不覺已為某種面對壓力之道，付出極高的代價。危機即是轉機，只有感到痛苦的人，才有強烈的改變動機。

▢ 轉化式的改變

薩提爾女士對於改變的觀點是「轉化」（transformation），而非「矯治」（correction）。矯治是把不好的行為特質除掉，取而代之以好的行為；轉化的概念是沒有價值對立的判定，任何一種行為

家族歷史與心理治療

特質本身無所謂好與壞，端賴使用之時機與情境，而人的改變在開放吸收新的行為模式，並且善用舊有的習慣，使自己更富有彈性，人生更具選擇性。

李氏夫婦對金錢的看法是南轅北轍，太太強調量入為出，節儉持家，先生則認為開源乃是致富之道，而消費是刺激生產，並提高生活品質的原動力。他們經常因為這個主題從理性的辯論，到實際的生活磨擦，消耗不少精力。直到有一天兩人願意改變 —— 是改變自己而非改變對方，太太可以在先生的身上學到消費的能力，並且在適當的時機運用其節儉的精算態度；而先生可在太太身上學到經濟規劃的概念，但不失其開創的精神。

家庭重塑的理念也是建立在「轉化」基礎。一個孩子在家庭成長的過程中，都曾有受過傷的經驗，而深深地影響其人格的發展；當長大之後，透過現實生活的歷練，得有機會重新審視過去的傷痛。然而我們無法改變過去的歷史，一味的將目前的不幸歸因於上一代的過失，也不能帶來生活的轉機。只有在尋根溯源正視這些傷口後，轉化為面對現實壓力的資源，並且增加新的行為模式，來增加自己生活的選擇性。

阿全參加完家庭重塑的團體後，開始更有意識地了解到早期家庭生活中被忽略的經驗，一直影響現在的自己，他面對人群時常感到不安，使他需要花很大的精力，來處理人際關係，有時覺得自己付出不夠，不值得別人回饋，有時又覺得自己傻呼呼地付出許多，卻得不到相對的友誼。長期的空虛感令人窒息，每當獨處時，內在的焦慮與沮喪，深深地讓他害怕。重塑中他也發現，自己面對壓力的模式，是不斷的自責與自憐，這是造成他目前生活最不快樂的兩大主因。然而他也必須承認多年來在專業上的成果，也是靠著不斷

地自我鞭策、自我期許換來的；而容易把自己的脆弱表露出來的特質，也為他得到一些扶持自己的朋友；更重要的是因為這些痛，使得他走向自我探索的成長旅途。目前他所要學習的是，不要過度的自責與自憐，要懂得用持平的態度、寬容的心情來面對目前生活中的壓力。

指責

薩提爾把一般人在面對壓力時，與外界接觸的方式分成四類——指責、討好、超理智與打岔。雖然在不同的情境與對象上，大部分的人會有意識地選擇對自己最有利的方式去處理壓力，然而更多的時候，尤其是壓力太大時，我們常常會使用最「習慣」的方式，也就是與我們脈絡相連的方式。

林太太今晚當女主人，邀請的人都是先生公司裡重要的高級幹部，雖然每年的尾牙都是這樣的安排，但是對林太太來說，她絕不敢掉以輕心，因為她認為這對林先生、對林家以及她自己的形象都很重要。女兒已經夠大了，可以給她很大的幫助，而她也真的很需要幫手，否則廚房的菜、水果，客廳的家具、地板，浴室的洗手台、馬桶，玄關的拖鞋，陽台的桌椅，花瓶的花，每一間房間，每一扇窗戶，每一塊地毯……，只要想到這些，已經足夠使她忙亂的了。一大早出門買菜就不順利，對門的王家老是把腳踏車擺在樓梯口，這有多難看，王家就是標準的土包子、暴發戶，有錢買房子，沒有水準過好日子，林太太嘴裡嘀咕著：「待會兒一定要讓王太太知道，他們家多麼沒公德心。」想想看，要不是為著老公撐場面，待會兒自個兒還要大包小包青菜蘿蔔的提上樓，老公總是叫自己少

　　　　　　　　　　　　家族歷史與心理治療

買一些、簡單一些，都是一些老同事了，他哪裡知道，若是有些怠慢了，老交情講話，閒言閒語才難聽呢！……

指責的人在面對壓力時，常有的反應是希望自己能夠掌握控制情勢，因此比較容易看到或想到令自己不滿的地方而力圖改進，求好心切的心情往往使自己壓力更大。但當自己有些失望、不愉快的感受時，會很容易的把憤怒不滿的箭頭指向外界他人，造成別人的壓力。

林太太從早一直忙到晚上九點多，十二小時的壓力，使得她在客人走後，恨不得立刻倒下去，但是當她看到老公正靠在沙發上看夜間新聞，不覺怒從中來，於是她故意把碗盤弄得很大聲，桌椅弄得很大聲，孩子們都知道馬上有一場風暴了，還等不及林先生從沙發中爬起來，林太太已經發難了：「你死人！為了招待你這些朋友，我忙前忙後的，你倒好像個大老爺似的，結婚二十年，被你折磨的還不夠……」，其實此刻林太太心中真正的意思是：「我累了！我需要有人來幫我！」

指責的人對於表達自己內在脆弱的感受是有困難的，像是：害怕、渴望、難過；而比較容易表現在外的是強烈的攻擊性的感受，像是：生氣、憤怒。在語言表達的層次上最常用第二人代名詞——「你」來表示對方的錯誤。如果我們把林太太整天所用的指責口氣列下來的話，可以看出這一類型遇到壓力時的溝通方式。

「你怎麼還在洗這些菜，客人快來了！」

「拜託！你不知道這種酒要先放冰箱嗎？」

「為什麼你們平常不會順手放整齊這些書本？」

「你怎麼現在才到，菜都涼了！」

「你以前不是挺愛吃扣肉的嗎？我可是煮了一下午啊！」

「老公！你怎麼不到巷口去攔輛車進來呢？」

「每次替你招待這些人，連中飯也沒好好吃！」

「喂！你沒有看到地上有垃圾，不能撿一下啊！」

夜深人靜，林太太一個人坐客廳，心中越想越不是滋味，替這個家忙前忙後的，而沒有一個人有半句的感謝，老公見到了她不是鐵著臉，就是躲在電視機前，其實自己內心深處真是孤單，想到這裡不禁一陣涼意湧上，心中暗忖著：「明早絕不給他好臉色看！」

超理智型

理性是人類專屬的財富，靠著它我們可以學習、可以合作、可以分析、可以推論，更可以就事論事、深思熟慮、謀定後動、解決問題。它的好處可真是一籮筐，難怪自古到今「理性」成為哲學家、教育家、道德家筆下人格成熟的指標，幸福生活的依據；然而心理衛生工作者卻常常看到人如何濫用了「理性」來抗拒自己的真實經驗，壓抑自己的真實感受。

林先生開著車下班回家，一路上思緒不斷，對於今早在會議上發生的事，他簡直百思費解，何以一個人會因為分工的問題，搞得大家雞犬不寧。這件事再簡單不過了，只是分工的問題，該從大原則上來思考，而不是像老太太買菜一樣，一件件挑，一項項討論，越吵越亂。人無法過混亂、沒有秩序的生活，像今天會議桌上……，想到混亂、沒有秩序，就想到兒子，年輕人過著沒有目標的人生，不肯念書，成天玩音樂，舒服慣了，真應該過過苦日子，就

會願意上進。自己也翻了些生活心理學、親職教育的書，學習做一個現代父母，但是這些書幾乎都是「進口」的，移植到中國文化來，雖然翻譯成中國人的文字，但是真的適合中國人的人生嗎？哪天有機會聽演講得好好問一問那些教育專家，看看他們怎麼思考這個問題，到底西方的個人主義是解決我們中國家庭困難的道路嗎？

超理智的人，在面對壓力時，經常跳開情緒這一章節，而直接的分析壓力情境的來龍去脈、前因後果。當他忙著在思考時，就可以暫時避開負面的感受，對他來說，事件的合理性，遠比經驗的本身重要。因此常常會做些是非論斷，當自己在經驗一些不愉快的感受時，這感受對本身有無好處，對事情有無助益，決定了他是否接納自己有這些感受。而對於感受的處理，他會告訴自己：「別這樣想」「換一個角度來看看」……就把這些感受打發走了。

忙了一天，林先生疲倦地靠在沙發上看電視，這是他放鬆大腦的方式，可以不必主動思考，隨著電視的情節而自由運作。當他聽到廚房的聲音時，他已經知道太太又在不高興了。他有時候實在搞不懂女人，怎麼這樣情緒化，尤其是在忙亂以後，正需要安靜休息，可是她卻還是精力充沛的喋喋不休。嘴上說「累」，手還在動、腳還在走、情緒還在發，累了就應該放鬆，放鬆了就不會有情緒，她連這一點道理都不懂。常常告訴她該去上一些課、看一些書，讓人生有進步，像自己常常能以平常心的方式來處理問題，多虧這麼多年來，沒有停止過的用功、求進步。

超理智的人在溝通時，常喜歡說道理給人聽，這些道理聽起來都十分有道理，並且也很有根據，但是卻使他的聽眾感覺與他有莫大的距離，遙不可親。有些時候超理智的人，頗有曲高和寡之憾。對他來說，如果萬事都能夠行之以理，就不會有麻煩了。但是人生

在世，其實許多事是超乎於我們所能認知之「理」，像是信仰經驗往往就是非理性，情緒經驗也不是理性所能涵蘊的。超理智的人最怕認知失調，因此會很快的尋找歸因，試圖幫助自己恢復平衡，反倒侷限了經驗本體的寬廣性。

🚩 討好

　　小珍才十八歲，但已經是媽媽的好幫手，當然她自己不會這樣覺得，因為不管她如何做，媽媽的辛苦似乎從來沒有減輕過。只怪自己太笨了，做事不得要領，唯一值得使媽媽安慰的是從小到大都沒有讓她操心過。有的時候，也覺得爸爸滿可憐的，雖然他不說，其實小珍可以猜到，每天被個女人喋喋不休地唸個沒完，怎麼會快樂？而自己所能做的，也只有暗暗地做些令他高興的事，例如：倒茶、遞份報。這些事一點也不費勁，可是意味著家中的關懷，總要有人這樣做，不然爸爸怎麼忍受的了！

　　討好的人常常用敏感的心替人設想，這也是他們面對壓力的模式，當面臨到困境時，就忙著「反省」自己，深怕自己做得不夠好、不夠盡力。這一種傾向的人，常常強調人際的和諧，為了不傷感情，經常犧牲自己的看法，或是委屈自己的感受，其實內在害怕的是對方不喜歡他。

　　小珍有時候覺得自己不太受媽媽的重視，不像弟弟總有好理由可以佔據媽媽的時間，每當有這種想法時，她就會鼓勵自己更「乖」一點，彷彿「乖」是唯一令媽媽喜歡的特質，要不然就什麼都沒有了。可是說也奇怪，自己越乖，媽媽越放心，注重她的時間就更少了。

在一個家庭中，討好的人扮演著極重要的角色，不但具有情感性的價值——支持體貼家中的成員，並且還兼具功能性的價值——為家中提供了許多的服務。犧牲奉獻的態度讓其他人在困難時很容易想到他，但是多半的時候，他卻是最容易被遺忘的，忘掉他心中也是有需要。因此，討好的人經常感到「沒有人了解」的寂寞與孤單。然而對討好的人來說，最大的壓力來源是察覺到自己原本的需要，因此不斷地逃避自己的渴望，把屬於自己的渴望「投射」到他人身上，敏銳地觀察他人的需要，盡力地符合他人的需要，又再度地增強別人對他的忽略。

經過了一整夜的忙碌，小珍才發現到自己肚子裡還是空著，但是她卻非常乖巧地知道媽媽也還沒吃什麼東西，於是先端了碗熱湯，放在媽媽的面前，她什麼話也不敢說，深怕驚擾了媽媽。她有些後悔，剛才只顧著清理地毯上的那塊油漬，沒有快些幫助媽媽收拾碗盤和垃圾，而又引發了今夜的戰爭……。

過分的責任感以及強烈的自責，是造成討好的人常常不快樂及沮喪的原因。他很容易將人際互動品質，認為是「操之在我」，因此負擔了過多的責任，很不幸的是，在許多家庭價值觀中，非常鼓勵這種犧牲式的英雄行為，認為這是成熟及責任感的表現。例如：捨棄自己的玩樂，來照顧弟妹；忽略自己的想法，來支持父母對自己的安排。久而久之，討好的人開始上癮於這一種小大人式的自豪，在其一生中不斷地承擔過多的責任，有時常感到自己做太多而委屈；有時卻會認為自己做的還不夠多而自責。

▷打岔型

　　阿全最受不了家中這種衝突的場面，但是久而久之也習以為常了，其實這也沒什麼大不了，反正也死不了人，看開了就是這麼一回事。總而言之，每到這個場面發生，他一定往房間裡鑽，免得被流彈中傷，只要往電腦上一坐，打開網路遊戲，就什麼也不管了。當然媽媽有時也會進來吼叫幾聲，但是這一點也不礙事，只有傻瓜，才讓這些嘮叨的話聽進去，不聽還好，越聽越煩。過日子就是要輕鬆、快樂才有益身心不是嗎？

　　打岔的人對於壓力的反應採取逃避的策略，逃避任何足以構成壓力的情境，逃避深入了解別人的心情，甚至逃避去接觸自己內在的感受。對於他們來說，只要一接觸這些壓力，就會掉入無力與無奈中。打岔的人對解決問題沒信心，他也不認為自己可以承擔得起別人的心情，他更不相信有人會了解他的內在感受。既然情況那麼複雜，於是低調處理，淡化嚴重性，快速的忘掉煩惱，倒是一套滿管用的方式。

　　阿全可不像姊姊，一天到晚死氣沈沈，鬱鬱寡歡，他可是人到哪裡，哪裡就生氣勃勃，不管是「生氣」（alive）也好，或是「生氣」（angry）也好！他最受不了家中的「低氣壓」，總想為這些人「解解凍」，換一換空氣。因此從小到大，他為這個家帶來不少的歡笑，也帶來不少憤怒，爸爸老是指著他罵毛毛躁躁，媽媽常被他搞得啼笑皆非，姊姊對他頭痛不已。但是說也奇怪，當家中沒有他的時候，還冷清不少，格外地想念他！

　　打岔的人雖然常常顧左右而言他，令人覺得終日言不及義，但

是卻是充滿了創造力，突發奇想的本事，常常使他能成功地找到方法，逃避承受壓力的痛苦。因此在生活中負責與承諾，成為在自我發展上最大的困擾。另外，迅速地轉變負面的感覺成為輕鬆場面，雖然使他在人際關係上建立幽默與親切的魅力，卻也很容易使他成為各種活動或藥物的上癮者，只要一有壓力，就迅速用一些取代品轉變情緒，久而久之就依賴上這些取代品，而對現實生活中壓力的承受力日益降低。

利弊兼具

如同前文所述，以上這四種應對壓力的方式，無論對整個家庭系統，或是對單一的成員，確有其特殊的功能與價值：指責的人擔負了組織中進步的原動力，一個家庭系統，常常會有些求好心切的成員，想要改進一些不合理或不合適的地方；超理智的思辨能力在情緒糾結、感受複雜的情境中，往往會大刀闊斧，發揮即知即行的果決力量；討好的人善解人意，樂於貢獻，為人際互動中提供了溫暖與支持；打岔的人輕鬆、幽默像是家庭裡的開心果。但是長年累月的互動，這些應付壓力的方式，就深深地影響了一個人的人格特質，而且其付出相當高的代價。

當老舊的習慣不適合當前的環境，就需要改變。依據薩提爾的「增加」理論，轉化這四種應對壓力的方式，並非要求一個指責的人不要指責，超理智的人放棄他的道理，而是在他原本擅長的方式中，增加其他方式的長處，使他在應對壓力之時，可以有更多的選擇性。例如：一個討好的人，先要學習輕鬆看待一些問題（打岔），不要把人際間的不愉快災難化；更要學習理性的態度來分擔

人我間的和諧責任（超理智），支持自己的原則及想法，最後能表達自己的不愉快、委屈（指責）。

察覺自己的應對壓力的方式，學習其他不同的方法來面對壓力，使自己所為與人格更富彈性化，這是從事家庭重塑的重要目的。每一種應對的方式兼備優缺點，端賴我們因時因地地選擇避開負面的代價，或使其正面功能發揮更多的價值。

面對壓力方式	優　點	付出的代價
指責	保護自己 公義 求好心切 改革	孤單 人際關係惡化 社會適應不良
討好	體貼 善解人意 容易與人合作	被忽略 失去自我 沮喪 負擔過重
超理智	明辨是非 就事論事 不情緒化 分析推理	缺乏感受 令人無趣 自我封閉
打岔	輕鬆 幽默 創意 生動	無責任感 空虛 上癮 幻想不切實際

第三章 家庭規則

　　每一個家庭中，都有許許多多的規則在影響成員間的互動，有一些是明文規定的，像是小孩子晚歸的時間；有一些是習慣形成的，像是晚餐時的座位；還有一些是曖昧不清，但又依稀可見的，例如：有額外要求時，絕不可找媽媽，應該找爸爸；更有一些規則透過語言或非語言的互動，影響我們的人格，使我們終身為其左右，這種規則有四類：

一、關於自我印象方面——例如：

　　我永遠不會比哥哥聰明

　　女孩子是沒有地位的

　　男孩子是沒有哭的權利

　　念書念不好，就得做粗重的活

　　我注定是失敗者，因為他們都這樣子認為

　　只有我受傷時，他們才會注意我

二、關於對外在環境的印象方面——例如：

　　不要隨便接受人家的好處

　　男人是不可靠的

　　婚姻是吵不完的架，更是躲不了的債

　　出外靠朋友，所以不能得罪任何人

　　交淺莫言深，不要隨便把自己的想法告訴別人

三、關於人生態度方面——例如：

　　滾石不生苔，不要輕易改變

　　做了決定，就永遠無法反悔

　　我一定要成功，否則沒人看得起我

　　念書是唯一的成功方式

四、關於如何成為「好」孩子方面──例如：

　　小孩子不要在長輩面前有太多的意見

　　孩子要為大人的情緒負責

　　與其說出不滿，不如假裝感激

　　天下無不是的父母

　　能與大人「配合」的孩子，才能得到大人的愛

　　孩子不該有太多的感覺

毒性教條

　　這一類影響我們人格的家庭規則，Alice Miller 將其稱之為「毒性教條」。它之所以有毒，是因為：1.不論何時何地我們對它奉行不二；2.我們對它的影響力早已習慣，甚至已無法察覺到它的存在；3.當我們違反它時，一些內化的老舊指責就會成為自我貶抑的聲音，損傷我們的自我價值；4.兒時為了避免被指責、被拋棄的恐懼，除了發展出一套符合「規則」的行為模式，並且也成就了一個保護自己，不去面對真實痛苦感受的「假我」，久而久之，一些真實的感受就「冰凍」了，而更加相信這些規則是不容質疑的最高指導原則。如果人活在「假我」中，他很難與另一個人真正的親密，因為他重視的只是一些合理的規則，同時也希望對方能夠符合。

　　阿宏從小經常看到媽媽不快樂，而這些不快樂大部分與爸爸有關，所以他必須去承擔使這個憂鬱的女人覺得人生有希望的責任，同時也要背負使這個可憐的女人更加失望的罪惡，不知不覺中「好男人必須使女人幸福」的規則已成為他人生裡的毒性教條。成年後，他娶了一位高貴的女人，把她當皇后般的對待，為她安排美麗

　　　　　　　　　　　　　　　　　　　　　　　　　　　家族歷史與心理治療

的窩，給她最好品質的生活照顧，自己整天忙的像條牛，根本無暇享受他們之間的親密。直到阿宏的生意失敗，因而負擔不起期望的生活方式，阿宏的沮喪到了谷底，不斷地自貶「無法使自己的女人幸福」。在這自怨自艾的情緒中，居然一廂情願的相信，自己的離開才能不耽誤這個女人的幸福，而開始準備離婚的行動。

宏嫂從來不知道阿宏在想些什麼，她只感到自己像個傻瓜似的，許多事都被矇在鼓裡，表面上自己是被皇后般的對待，從不用操心任何事，但是阿宏始終不願與她分擔任何的煩惱。她常感到這個人莫測高深，難以了解；這次突然的離婚舉動，更令她傷透了心，恨透這個男人。

忠心的傷害

常常在成長的過程中，「好孩子」是會付出極高的代價。脆弱的孩子，避開被遺棄的恐懼，努力得到父母的肯定，殊不知父母的過份要求是抑制孩子成長的阻力。這在許多心理治療的理論中已不斷地被提及，當然父母們這樣做時，他們真的相信是為孩子好，因為他們也陷在自己的毒性教條中而不自知。

阿玲有一兒一女，個個懂事，不曾為他們操過一些心，然而她自己一點也不快樂，這三年來，先生的外遇把她折磨得不成人形，每天傷心沮喪，食不下嚥，憔悴不已。她從沒有對始亂終棄的先生做任何的抗議，只是默默地承受，彷彿這是個生命的十字架，為她自己多年來的錯誤贖罪。小時候阿玲是個乖順的孩子，不像弟弟把爸爸都氣出病來，但是年輕時的衝動，加上對愛情的憧憬，使她在婚前與所愛的人有了性關係，於是為了自己，不顧媽媽反對，第一

次成為叛逆的孩子，嫁給了現在的丈夫。阿玲牢牢的記著，媽媽曾經耳提面命的警告她：「女孩子家一定不能犯錯，否則一輩子都完了！」如今一語成讖，她不該被愛情沖昏了頭，更不該嫁給一個媽媽反對的男人。連續的錯誤，如今一一報應在自己的婚姻中，她又有什麼資格和顏面為自己做一些爭取？眼看正在青春期的女兒，不禁心頭一顫，急忙耳提面命似地警告她：「女孩子家交朋友一定要小心，可不能犯錯，不然一輩子都完了！」

對父母越忠心的孩子，越容易受人影響而吃盡苦頭，因為他們往往不加選擇地相信父母所說的一切，並且在人生的際遇中，都會將其視為準則。有人告訴自己的子女：「吃虧就是佔便宜！」有人提醒孩子說：「努力是成功之母！」但是當孩子們長大，卻不知變通，這一些人生的智慧反倒成為毒性教條了。讓阿玲一輩子都完了的，其實不是年輕時的錯誤，若她有機會學到人生很難避免不犯錯誤，錯誤是一個新生的開始，她大概不會自怨自艾地縱容丈夫的不負責任！

生存法則

薩提爾在她的實務經驗中，發現有許多童年時代在家庭系統中互動的規則，影響一個成年人至深，成為他一生中的生存法則（survial rule）。彷彿若無法按照某一規則行為，自己的生命就沒有價值般，而變得焦慮不安，沮喪自責。生存法則的形成是在幼年時，一個孩子發展出一套面對生存壓力的方式，幫助自己在不利自己的條件下得到利益。例如：家中有七個兄弟姊妹，若要得到忙碌母親的注意，就可要各憑本事了。對一個孩子來說，母親的關懷與重視，

可是生存的需要，因此老四可能發展出利用學業成就來得到「生存必需品」的方法，漸漸地，追求高成就動機成為他日後的生存法則。

生存法則一旦形成，就會成為支使一個人在人生中做許多重大抉擇的主宰，不管是在人際上、婚姻上、生涯上、親子上，「生存法則」都扮演著重要的角色。

老何從小寄人籬下，看著別人的臉色長大，為了要生存，他早就學會委屈與忍耐，再難過的事，牙一咬，也就一笑置之了。六十多年了，這個「一笑置之」的生存法則幫助他歷經許多人生苦難，他眼見別人起高樓，又看到旁人樓塌了！然而自己始終淡然處之，倒也相安無事，卻是自己的老伴，從年輕不滿到現在，認為老何是扶不起的阿斗、軟腳蝦，但是他也就忍下來，唉！一忍也就四十年了，那還不能一笑置之嗎？

往往一個治療者在協助他的案主改變時，彷彿是使了全身的勁與案主的規則搏鬥，希望他看到人生還有其他的可能性，但是，案主的生命早被層層老舊的規則限制、束縛，因此失去了原本的自發性與原創力，更看到改變的不可能性，如下頁圖：

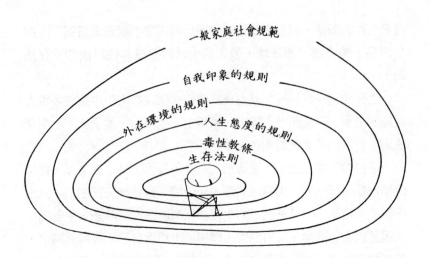

一般家庭社會規範

自我印象的規則

外在環境的規則

人生態度的規則

毒性教條

生存法則

　　　　　　　　　　　　　家族歷史與心理治療

要轉化一個人心中相信多年的規則，是件極不容易的事，因為規則給人帶來最大的好處是「安全」與「熟悉感」，治療者永遠不能給案主承諾，當不再使用一個規則後，不會有危險產生，因此冒險的意願成為改變歷程中關鍵性的瓶頸。

有些案主知道很多，但不一定願意做；了解很多，但是生活沒有改變，其中的原因之一就是沒有足夠的力量，敢去冒險打破老舊的規則，並在原有的環境系統中，嘗試新的行為。薩提爾相信冒險的意願與自我價值感是相關的，當一個人對自己有較高的評價，對自己的能力有信心，更相信自己可以承擔冒險後的代價，就比較容易踏出改變的第一步。

自我價值感高的人，常會鼓勵自己、欣賞自己，也容易看到事情正向的一面，這在改變的歷史中成為很重要的加油站，給自己精力與信心，不斷地嘗試與練習。

自我價值感是自己對自己主觀的感受與評價，是一種抽象的心理狀態，但是我們可以在具體的行為中，推測出一個人自我價值感的高低。自我價值感低的人，常常認為外界對他是有威脅性的，為了要保護自己，就會發展出各種的心理反應與行為模式，譬如：

一、掩飾自己的缺陷；

二、過分強調某些能力；

三、把一些不順利的情境災難化；

四、常常覺得自己是受害者；

五、不敢把自己的需要或感受表達出來；

第四章　冒險與自我價值感

六、為別人承擔過多情緒的責任；

七、常想要別人照自己的方式做；

八、常需要眾人的注意和逃避眾人的注意；

九、把自己的價值物化、形式化或條件化——例如：「替我開門才看得起我」，「一定要有某牌的名車，才有尊貴的感覺」；

十、……。

薩提爾認為人常常因為低自我價值感，所以不敢面對事實，或是誇大事實，或是扭曲事實，引發更多的人際傷害，心靈痛苦。

自我價值感好像是一個人心中的溫度計，當溫度高時，人是一個開放的系統，容易接受新的訊息；溫度低時，人成了一個封閉系統，不容易接受任何新的可能性。因此在心理治療的過程中，能否使案主的自我價值感提高，常常是輔導是否有效的關鍵。而自我價值感亦隨著不同的情境、機遇而起伏，像是：

一、挫敗時；

二、錯誤時；

三、壓力大時；

四、在權威當前時；

五、在陌生的環境時；

六、在面對遙不可知的未來時；

都很容易使一個人自我價值感降低。

另外，一個人若是自我價值感的基本水位本來就高，遇到上述這些人生機遇，降低的水位，不會達到警戒線；反之，基本水位本來就低的人，就會降到警戒線以下，因此有強烈的痛苦及誇大的反應。而人的自我價值感的基礎，源自於童年的家庭與社會經驗，像是：

一、社會文化事件；

二、社區經驗；

三、家庭的重大變故；

四、父母的婚姻關係；

五、父母的自我價值感；

六、親子互動；

七、手足相處；

八、本身的生理及心智能力；

都會影響到一個孩子的基本自我價值感。

　　適合自我價值感生長的生態，是一個開放而溫暖的系統，充滿了滋潤性的互動：支持、鼓勵、接受不完美、合理的期待，但絕不是溺愛與過分縱容，因此也包含了約束與規範，然而這些規範不是教條，是為了協助孩子愛自己，欣賞自己而設定，不是促使孩子貶

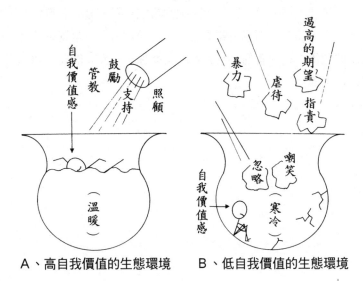

A、高自我價值的生態環境　　　B、低自我價值的生態環境

低自己，成為成人的附屬品而定的。

　　反之，孩子若在成長過程中，經驗了許多負面的訊息，這些訊息將內化為人格的一部分，影響了自我價值感的發展。

　　面對壓力的方式、家庭規則、自我價值感與冒險的意願是個體在經驗改變的四項重要內涵，它們之間也是息息相關，相互影響。每一項都可能成為成長的阻力，而牽制其他三項；每一項也可能為成長的助力，而輔助其他三項。一個封閉系統，拒絕改變，要去轉化「面對壓力的模式」，首先就遇到「家庭規則」的挑戰，而要去修正家庭規則又遇到「自我價值感」與「冒險」的困難。所以經常有一些案主，在不斷的「領悟」之下，卻無法帶來生活具體的改變。

　　治療者若是能引導案主成為一個開放式系統，便可使改變成為可能性。轉化的產生在於治療者是否針對改變四要素，平均地投資，像是建大樓的奠基工程，必須常常注意四方發展有無成為平衡狀態。案主需要一面學習關懷自己，一面才有力量察覺以往行為所付出的代價；一面有信心看到新的可能性，一面才能安心地修正老舊的規則。

第五章　家庭是一個系統

廿世紀初生物學家 Van Bertalanffy 曾提出了一般系統理論（general system theory），當時這個新觀念，以新的眼光來看世界萬物的架構，成為家族治療中重要的理論架構，往後家庭治療中的結構學派、經驗學派、溝通學派，都是以家庭系統理論（family system theory）為出發，而各有特色。

「系統」是由不同的單位所構成，每一個單位都獨具一些功能，而又彼此相互作用，共同締結出整體性的功能，完成兩大任務：一、對內維持運作的平衡；二、對外尋求適應，並成為另一大系統的小功能單位。例如：學校是一個系統，在這系統中由訓導、教務、總務、人事等不同的單位構成，各單位各有專司之職守，而對內共同維護校園運作之平衡，對外為社會培育青年人才的機制。

張家有三個兄弟姊妹，老張是一家之主，擁有最多的決定權，他在這個家中扮演領袖的角色，不只提供主要經濟資源，還掌握了生活規範及方式的選擇。張太太常年相夫教子，是鄰居公認的賢妻良母，她對家的功能是提供了永無止境的關懷和情感的支持。大哥從小品學兼優，念書從不會使爸失望，他對家庭提供了榮耀與希望。二哥外向活潑、雖然書沒有哥念得好，卻甚有人緣，在學校風頭很健，長輩常稱讚他善解人意，做事熱心，家中大大小小的事，從幫媽媽買菜到陪小妹寫功課，都是他的責任範圍，他的功能是對家庭提供了許多的服務。小妹嬌柔可愛，又是父母中年得女，全家大小都視她為掌上明珠，她也極為討人喜愛，只要她一出現，家裡就熱鬧起來，她為這個家帶來了歡愉。張家五口人，形成一個系統，有整體的家庭功能，而各

人各司其職，維持了內部的平衡。

　　當然一個家庭經過長年的發展，一個成員所擁有的功能多半是微妙而複雜的，並且會隨著不同階段產生變化。十年之後，老張年紀大了，反倒成為被照顧的對象，家中大小的事由張媽媽做主，老大成婚生子，為家庭添了第三代，增加許多歡愉的氣氛；老二反倒繼承了父親的行業，成為老張的希望；至於妹妹呢？堅持著單身貴族的主張，過著自己的生活，成為媽媽擔心的對象。

　　越早期的生活經驗，對自己的脈絡影響也就愈深，因此，童年時自己在家中的角色功能，就成為日後人格發展的重要指標。

　　一個孩子會在家庭系統中扮演什麼角色，提供怎樣的功能，往往受到下列幾種因素的影響：一、先天氣質；二、出生序；三、家庭結構；四、愛與被愛；五、家庭動力。

先天氣質

　　從十九世紀的胚胎學研究到現代基因科技的發展，我們已經很難否認個體些許基本特質是受到先天性的影響。我們可以在醫院的育嬰室裡觀察到，有一些孩子的活動量，似乎與其他孩子不一樣。許多的媽媽們也會交換經驗地發現到，有一些小嬰孩可以一覺到天明，有些小寶貝似乎特別敏感，在深夜中哭醒很多次。一個新生兒的氣質，很容易影響父母對待他的態度，生來就多病的孩子，當然造成了父母的焦慮，而反映在親子的互動中；生來就健康的孩子，則在這方面省了父母不少精力。久而久之，孩子的氣質被系統所接受，從而使一個孩子在家庭中扮演了固定性的角色。例如：身材較肥胖的妹妹，體重成為她在家庭中重要的「特徵」，系統發展出以

「譏笑」、「調侃」的方式來面對她的體重，因此妹妹總是覺得人家瞧不起她，無形中就在家裡扮演了「受害者」的角色。又如一個倔強又好動的孩子，自小就以磨娘精的姿態出現，這些自嬰幼兒期就存在的氣質，易於引發父母的挫折感，也易於激怒父母。在同一個嚴苛的父親或母親的管教下，每個孩子得到的苛待分量並不相同。招到最多責罵的孩子往往相當冤枉的具有某種在特定文化上不討好的先天氣質，如倔強，或活動量高，或格外退怯等。

出生序

出生的順序直接影響了一個家庭系統中功能與資源的分配，再加上隨著家庭史的發展，帶來社會地位的變化及父母人格的成熟，使得每一個孩子所受到的待遇皆有不同。可能在某一個時段中，家庭經濟壓力較大，因此某個年限的孩子就需要擔負更多的責任；當家庭經濟改善後，某個孩子可能就可享受更多的資源，但也可能擔負更多的期望。在本省的家庭發展中，由於光復初期，農村經濟落後，因此孩子們很早就得放棄受教育的機會，努力改善家庭經濟，待略有成就後，就只有期望較晚生的弟弟，能夠讀更多的書，能夠帶給家庭更大的希望。在這樣的文化中，常常有長兄若父，長姊若母的角色，而被賦予期待的孩子，雖享有特權可以不用做太多的田事，但是也得犧牲自己去扮演一個成功者的角色。

老大常被要求作父母的傳人，責任較大，或在長幼有序的社會教條中，被要求作模範榜樣。有些老二永遠有一種「趕不上前面那輛車」的感覺；也有些老二在才能及勤奮上超越了老大，於是帶著「僭越」的不安，負起「第一」的責任，或享受「第一」的特權。

老么被公認為有較大的機會被縱容，而也有許多被忽略的可能性。另外，自覺人微言輕在眾多兒女中夾在中間的孩子也最容易被忽略，而懷著未滿足的愛的渴望。尤其是姊妹群中的最小，而後面又跟著難得的男孩。中間的孩子變數很大，有不少是獨立而具有靈活的人際能力，因為享有的空間較大而居於較複雜多面的手足關係，既非頭也非尾，需要靠自己的機會也增多了！

家庭結構

　　一個系統為了確保其對內、對外之功能發揮，就必須有其相當固定的結構，像是一個民間社團，組織章程裡就規劃出該社團的基本結構。一個家庭的固定結構，往往是父母 ── 兄姊 ── 弟妹的形態，越往上所負有的養育責任與情感維繫的功能越大，越往下其負擔的責任越小，直到父母年老功能自然減退，則漸漸地改變原有權力結構。然而當結構核心有某些成員不能發揮功能時，便發生扭曲與病變，影響了成員在家庭中所扮演的角色。例如：有一個重病的母親，無法負起養育的責任及情感維繫的能力，則姊姊就必須替媽媽擔負更多的責任，成了爸爸的情緒配偶以及弟妹的小媽媽，甚至還要像媽媽般地照顧媽媽。因此成為一個受照顧者，可能就是她人生裡所缺乏的角色，而承受過多的責任即成為她生命中的基調。

　　中國傳統的家庭結構，常有「子宮家庭」形態的出現，往往孩子們在其中扮演超出他年齡的角色，使得黏結的特色成為中國家庭文化的一部分。

　　林氏嫁到王家時才十五歲，但是就必須學會應付一大家族的複雜關係及生活需要，多半時間她是委屈及孤單的，婆婆的刁難，加

家族歷史與心理治療

上丈夫為了功名經年在外，使得日子格外難過。當有了第一個女兒時，她比較有了寄託，好歹以後有個小幫手；等到兒子出生時，她的生命終於有了希望，且提高了她在家族中的地位。將來兒子若功成名就，就是她揚眉吐氣的時候。

大柱子從小看到媽媽受家族欺負，爸爸又長年在外，心中對媽媽除了心疼，就是感謝，只希望自己快快長大，功成名就，使媽媽有出頭天。

等到大柱子長大娶媳婦了，當然孝順母親是第一重要的事，而光耀門楣則是另一個人生奮鬥的目標。媳婦在這大家族中就更不容易得到丈夫太多的支持與照顧，不過等到她自己生了兒子以後，一切就有了指望，於是歷史一代一代地重演下去……。以子宮產出的子嗣作為第一優先的親密對象與期望所託。如下圖的循環：

愛與被愛的經驗

　　一個孩子來到他的家庭，終其一生最大的目標是得到愛，而影響其一生最大的恐懼就是「失愛」。雖然「愛」是相當抽象的，但是孩子們有其天生自然的直覺，分辨被愛與不被愛的經驗，而努力贏得被愛的感覺與逃開不被愛的恐懼，漸漸地，這些方法就影響了他在一個家庭中所扮演的角色。

　　小珍從小就有乖順的個性，每當哥哥吵著要買玩具時，她總是說：「我隨便。」或是說：「我下次再買。」這些態度當然為她贏得許多讚賞，使她更確定自己在家中被愛的經驗；而哥哥每次看到妹妹經常得到父母的讚美，顯然自己在家中較不受父母的歡喜，在失愛的恐懼下，就想做一些要求，來驗證自己在家人的心目中仍然是重要的。

　　有的孩子會用成就來贏得被愛。
　　有的孩子會用可憐來贏得被愛。
　　有的孩子會用體貼來贏得被愛。
　　有的孩子會用生病來贏得被愛。
　　有的孩子會用合作來贏得被愛。
　　有的孩子會用嬌弱來贏得被愛。

　　每當孩子使用一種方法而得到愛時，小小的心靈開始對愛有了條件性的定義，希望在相同的行為裡，得到同樣的結果。久而久之成了家庭中習慣的角色，相對的也付出了一些代價。

家族歷史與心理治療

失愛的恐懼

有些時候，家中「愛」的環境過於貧乏，就會使得孩子格外地辛苦於──不只是贏得被愛，更是逃開「失愛」的恐懼。他必須做一切的努力來避開這可能的事實，但是恐懼的感覺不會因此消失，反而深藏於內心深處。漸漸地孩子學會一套自我防護的系統──「假我」，來隔離痛苦。「假我」的形成，首先在將自己的一些負面感受「冰凍」起來，假裝自己是 OK 的，再將自己的行為調整到符合社會的期望，給人「乖」及「好」的印象，以確保不會「失愛」，最後用篩選嚴密的知覺系統，來濾掉任何增加自己痛苦的訊息。「假我」的發展限制了自我本身的經驗知覺，使自己對內在及外在世界皆有了距離，而無法體驗真切的經驗。

家寶小時候環境相當艱苦，爸爸不負責任地拋下媽媽及他們兄妹四人，家寶對爸爸的印象是停留在七歲──一個高大粗壯的男人，經常喝得醉醺醺的。媽媽則是終年以淚洗面，抱怨命運對她的不公，以及孩子們帶給她的負擔。當家裡唯一的大人在情緒低潮時，幾個小蘿蔔頭，就得自己料理生活並且相互扶持，而生為長子的家寶更是全力以赴地幫助家計，毫無怨言，因為他知道他是媽媽唯一的安慰，妹妹們唯一的依靠。多少年來，他心中的委屈、害怕、需要，從來沒有人知道，大家看到的只是他堅強的外表，以及執著地付出，漸漸地連自己也弄不清什麼感受叫委屈，什麼需要才是屬於自己的需要，對家寶而言，最大的滿足就是滿足媽媽及妹妹的需要。

當家寶娶媳婦了，對新娘子再三叮嚀的是：「我的生活自己會打理，但請不要虧待媽媽與妹妹。」這樣的婚姻維持了三年，太太

開始不停地抱怨於「家寶」的不負責，因為這男人似乎只管自己，只重視他的媽媽和妹妹，從來沒有真正的關心過她。雖然家寶早就習慣了與哀怨的女人共處，但是當兩個對立的女人同時抱怨，這對他來說造成了莫大的壓力與痛苦，好在家寶早就練得一身處理痛苦的功夫──首先將痛苦隔離開來，不去多想就沒事了；再來將自己的行為努力符合社會期待，盡量的滿足大家的需要，就可以安心了；最後過濾掉使自己痛苦的訊息，把太太對媽媽的抱怨當作發牢騷而盡量淡化掉。日子久了，夫妻倆的感覺越來越陌生，越來越遙遠，但是家寶一點也不以為意，因為他覺得自己已經盡了最大的責任。家寶為了躲避失愛的恐懼，而一意照顧母親和妹妹，殊不知他在婚姻中仍然沒得到愛。

假我的發展

在愛的資源相當貧乏的家庭中，經常扮演犧牲者、討好者、擔負者的成員，最容易發展強大的「假我」，來支持自己努力地背負整個家庭中的一些苦難。而假我也會產生對自己的期許，成為心中龐大的壓力。擁有假我的人，常常是位忠誠者，執著於某一種完善的圖像，成為自己追求的目標，然而又不時地自恨於無法達成自我的要求。擁有假我的人，也常常是位成就者，努力於符合社會化的期望，得到讚賞與肯定，但無法接觸到人性的深層面，顯得貧乏與單調。

其實有一些家庭中的依附者、失敗者、製造困難者，也經常是活在假我的保護下，隔離痛苦。他們永遠不給自己成功的機會，也不斷地為自己的不幸找藉口，對他們來說，使自己功虧一簣，或是自我放棄，就是保持自己美好形象的最佳方式；因為萬一經過努力

而無法達到目標，才是真正面對自己不好的事實，而這比失敗的本身更加痛苦。通常他們在面對失敗的壓力時，是以「指責」的態度來度過，不斷地把造成失敗的責任歸因於外在環境，來保護自己殘餘的自我價值感。眼高手低、憤世嫉俗、孤芳自賞，常是周遭的人對他們的印象。

小林退伍後，一直沒有找到自己適合的工作，一晃已經三年了，他從事過貿易、拉過保險、玩過股票、幹過總務，長則半年，短則二個月，別人皆認為他沒有恆心，他自己則認為沒有真正能使自己發揮所長的機會。這些工作不是太呆板，就是太俗氣，要不然就是地點太遙遠，或是老闆沒有才幹，反正沒有找到真正理想的，他是絕對寧缺勿濫。其實小林真正喜歡的是寫作，偶爾他會寫些新詩散文獨自欣賞，但是絕不會拿到外界發表，以便把興趣職業化，小林給別人的理由是，他的作品不會有太多人了解，不願將之「商業化」。但是他內心的恐懼是——其實我的能力不夠。

通常這些「不戰而敗」的孩子，是生長在競爭壓力頗大的家庭，這些家庭中有許多成功的典範，他們的成就往往是可望而不可及，帶給其他成員莫大的無形壓力。現代社會中，有越來越多的低成就動機的孩子來自中產階級、高社經地位、高教育水準的家庭，他們的父母皆在事業上、品德上努力地做好楷模，並且也以人本的關懷陪伴孩子成長，盡量給與他們尊重，滿足他們合理的需要，然而孩子卻在人生的跑道上「睡著了」。一股無形的壓力，來自孩子強大自我期許，希望自己也能有與父母一樣好的表現，然而生活歷練的缺乏，被約束經驗的不夠，導致自己在現實生活中由於能力的不足，而無法達成自己所希冀的理想狀態，開始無法面對地自暴自棄。

☐ 家庭動力

　　系統中每個單位都有其獨特的功能，然而每個單位之功能之所以能夠發揮，端賴其他單位的互補與互動。家庭中某一個角色之所以能夠成立，端賴其他成員的協助或默許，因此我們絕不可只試圖了解某一成員的角色行為，而忽略了其他成員在該角色形成過程中的參與性。

　　惟可在哥哥惟新大學聯考再度名落孫山之際，不負重望地考上第一志願的省立高中，使爸媽在親友面前不致顏面完全掃地。考上一流的省中，除了靠聰明外，更重要的是努力及成就動機。惟新就在弟弟扮演成功者的角色形成中，扮演了重要的觸發者，參與了這件榮耀的促成。因為惟可每次見到媽媽為哥哥的不上進而發愁時，為了不使媽媽更傷心，只得自己多努力些，以減少媽媽心中的壓力與煩惱。因此哥哥越不上進，媽媽越煩，惟可就越用功，當然惟可的哥哥可不知道自己對弟弟有那麼大的貢獻。

　　惟新對於自己聯考再度落榜，似乎不太引以為意，反正自己早就知道是考不上的，在補習班的一年都是「混」過的。其實毫無目的地「混」日子，並非好過，心中常是鬱悶及空虛的，自己早就想去當兵，退伍後再做打算，可能去學美工，或許和朋友合開一家機車行，然而爸爸認為非得要念書，受正統高等教育才有前途。爸爸是家中的權威者，一言九鼎，沒有人敢反抗，當然只有惟新，從小到大，明的暗的不知扯了老爸多少後腿。這個家庭需要一個反叛者，才能帶入不一樣的價值觀與生活方式，惟新就扮演這一個角色，只是他太年輕了，想法與做法不太成熟。可是只要他一看上自

奶奶下至弟弟全都臣服於「大王」的權威，而大王本身卻經常言行不一，惟新就情不自禁地說些「真話」，做些自己想做的！

我們可以由動力的眼光來看惟新、惟可何以有那麼大的差異，而他們不同的發展，與家庭每一個人都息息相關，系統的特徵是整體性與平衡性，在整體與平衡的前提下，任何個別的行為，都會影響整體的運作，和維繫著整體的平衡，因此家中某一成員的行為，必然關係到其他成員的發展，才能保持平衡狀態。

在臨床界中，已經發現到許多的精神疾病是與家庭的動力狀態有關，我們稱帶有精神症狀的患者為 IP（identified patient 被認定的病人），意思也是暗示毛病不只出在他身上。精神症狀、社會適應困難的出現，有時只是某一家庭互動中，為了維繫整體性的平衡而採取的因應之道。

在一般的成長過程中，我們也發現個人在家庭動力狀態下與其他成員之間維持平衡的方式，也成為了其個人賴以生存之道（生存法則），而影響了他的認知結構、情緒狀態、行為模式及人格特質。

家庭舞蹈

家庭動力中維持平衡的方法，也就是系統中的「規則」，當這個規則形成之後，就很難改變，所有的成員會不斷地重複規則下的行為。有時我們仔細地分辨，這些規則好像是一首舞曲，只要一播放，全家人就展開固定的舞步，我們稱之為家庭舞蹈（family dance）：

序曲：李家兩兄弟為了細故爭執，開始時各不相讓，哥哥越來越激動，聲音越來越大。

主調：媽媽出來主持公道，一眼見到老大扯著嗓門，老二默不做
　　　聲，開始訓誡老大脾氣暴躁，老大越發激動，摔門而去，媽
　　　媽大怒。

尾聲：媽媽向老二訴苦抱怨持家不易，老二默默聆聽，待媽媽宣洩
　　　完畢，見到楚楚可憐的老二，心有不忍，稍以口頭鼓勵，即
　　　自行離去。

　　像這種互動的模式，在李家可能已經發生過不計其數，雖然內
容不近相同，但三個人共舞的舞步卻是相當固定：

第一拍：兄弟爭執；

第二拍：母親出面指責老大；

第三拍：老大受挫；

第四拍：母親訴苦，老二傾聽；

再到第一拍，重新又一輪迴。

　　在這家庭舞曲中，舞步是三個人共譜的，每一個人各出其招，
有條不紊：哥哥出激動牌，弟弟出沈默牌，媽媽出指責牌。因為他
們都覺得自己有委屈，因此出牌時皆是理直氣壯，認為自己非得如
此。但是時間一久，每一個人都要為這首舞曲付出極高的代價。以
李家為例的話，媽媽會與弟弟之間有越多的親密，哥哥越覺得委
屈，就會不斷地找弟弟的麻煩，引來媽媽更多的責難，像是滾雪球
般，使得三人彼此之間的嫌隙更深刻。

　　絕大部分的家庭舞蹈對成員來說，皆具有強烈的制約性，也就
是說，當某種熟悉的訊號一散發出來，家庭成員們皆各就各位，準
備開始行之有年的舞步。當曲終人散，清點損失時，成員們卻往往

忽略了自己的參與，而相互指控對方該為傷害負責。其實當成員們「強迫性」地加入舞蹈時，多半都從日積月累的經驗中知道事後的結果，但是他們在整個過程中各有收穫，我們何妨以幽默的心情來看整個系統的運作：

序曲： 老林下班，看到年邁的母親躺在床上呻吟，太太正在廚房燒飯。

主調： 一、老林探視母親，母親不斷嘮叨乏人照顧，以致身體疼痛。

二、老林詢問太太，太太輕描淡寫，認為婆婆無病呻吟。

三、老林大怒，太太反唇相譏，認為先生早已不重視家庭，心中只有工作。

四、老林氣急敗壞，嘴裡嚷著：「妳不照顧媽，我來照顧。」開始扶母親外出散步，一路不斷地嘮叨：「年紀大一定要多運動，不要只躺在床上……。」

尾聲： 林太太一個人在廚房裡生氣，將鍋碗摔得很大聲，兒子立刻被吸引而來，一面幫林太太料理，一面安慰媽媽。一直到晚餐，四口人又會在一起吃飯。

在林家這場三代同堂的婆媳之爭，看來損失慘重：一、夫妻失和；二、婆媳嫌隙擴大；三、兒子同情媽媽，與父親相對立。但是在舞曲中其實每個參與的成員也各有斬獲：

1. 老人家需要吸引兒子的注意，她為自己贏得了與老林單獨相處的機會。

2. 老林平時過於忙碌，疏於對家庭的照顧，年邁的母親喚起了他的不安與罪惡感，而為母親仗義直言，事後單獨侍奉老母，也釋

放了自己的罪惡感。

　　3.林太太主持家務，付出極大的辛勞，與先生一吵，自己當然站在道德優勢，得到兒子的支持，同時她會知道不久之後老林一定會用某種方式來補償她的，例如：出國旅行。

　　4.兒子在這首舞曲中，可以暫緩面對學業的壓力與挫折，而在同情媽媽中，感受到自己的力量與信心。

　　所以真正清算的結果，一方面是損失慘重，一方面也可以說每個成員都是「求仁得仁」。

　　一個家庭系統的氣氛就在許許多多的家庭舞蹈之下鮮活地形成，而每一個成員參與這動力的過程，直接地影響了其在家庭裡的角色與功能，刻畫出其人格特質突顯的部分，影響日後的生活際遇與人生經驗。

原生家庭對個人人格的影響是肯定的，然而個體被家庭經驗影響之深與淺，卻與其他的變項有關。家庭系統理論大師M.Bowen相信，最重要的是成員自我分化的程度。當成員自我分化程度高時，他與家庭之間的界線較明顯，不易為家庭中的一些互動干擾。反之，自我分化程度低的成員，容易在系統的運作中迷失自我的方向。

分化與黏結

一個家庭提供了生育、保育、養育與教育的功能，使得一個孩子逐漸茁壯成長，從一個完全依賴家庭資源的附庸，變成一個選擇依賴部分家庭資源的個體，最後做一個提供家庭資源的成人，其間經歷了許多心理上微妙的變化。

Bowen 認為家庭成員在家庭系統中有兩種不同的需要，且在本質上是相衝突的，一種是「集體性」的需要——包括了被認同，有成就感，不被遺棄的安全需要；另一種是「個別性」的需要——包括了自主導向，擁有自我的看法、價值判斷與情感經驗。而兩種不同需要的配合決定了成員與家人之間黏結的程度。倘若家庭中集體性的需要過分強化或過分不足，會使成員間情感上需求量大，黏結度高，而影響了成員「個別性」的發展。Bowen稱之為低自我分化者，雖然他並沒強調自我分化與心理症狀的直接相關，但是卻指出低自我分化者往往是強烈的關係導向者，生活的精力不斷消耗在尋求別人的愛與贊同，而失去了自己的生活目標。

自我分化其實是家庭中成員在緊密的關係中，努力活出自主性的成績。當我們還是個三歲的孩子時，就已經在做這份功課，嘗試操作自己的身體，滿足自己的需要，但挫折感也隨之而來，要不就是弄傷了自己，要不就是毀壞了周遭環境，更糟糕的是，常常得受到「失愛」的威脅——父母的不認同及憤怒。精神分析家 M. Malher 稱這個階段為經過了嬰兒的自閉期、共生期後的分離期（seperation-individuation），是分離一個別化歷程。另一位精神分析學家 P. Blos 將 Malher 的理論延伸，認為青少年階段是人生當中第二次個別化的歷程，而兩次的個別化歷程對人格均有相當大的影響。就如同第一次個別化般，青少年也急於脫離與家庭之間的依附，拋下因依賴權威和集體性而產生的安全感。當然獨立精神獲得心理上的滿足，但是也將冒險於失去關照與認同的可能性。倘若家庭系統中其他的成員對孩子的個人化歷程視為對家庭忠誠度的威脅，而干擾其自主性的發展，將有礙於孩子的自我分化。

　　心理學家 Jane Kroger 將年輕人個別化歷程的發展分為以下這些階段，和不同階段的心聲：

一、混淆（confusion）

「我在身體上與家人是不同個體，但是我將家人的形象放在心中，沒有她，就也沒有了我。」

二、開始分化（differentitiation）

「我有我自己的一些觀點，但是我得看看家人是否贊同。」

三、繼續演練（piacticing）

「我有我自己的一些觀點，而我不想完全照家人的意思，因此我要表達我的不同。」

四、趨避的矛盾（reapproachment）

「我有我自己的一些觀點，但是我變得跟家人不一樣，而覺得孤單，我是否要繼續下去？」

五、分化成功

「我有我自己的看法，家人也有他們的，我們之間可以有一些不同存在，但是不代表我們不再相愛。」

Kroger 認為自我的追尋（self-identity），是一段在自己與別人的期望中尋找平衡點的過程。而痛苦開始於自我意識的覺醒（第二階段）；期待父母的贊同（第三階段）是痛苦的高潮；冒了失愛的危險，孤單地擁抱自己（第四階段）是痛苦的尾聲。這三個階段在年輕的歲月中不斷地循環，從而不斷地學習到一面保有自我，一面保有親密關係（第五階段）的生活方式。

過分投入與情緒割斷

成員的自我分化，對一個封閉的家庭系統來說，是極冒險的事情，因為個別化的過程中，大大地破壞了系統原有的平衡，為了阻止危險的發生，其他的家庭成員──尤其是權威者，必須做出種種

的反應來對付家中的叛逆者：包括了指責、情感的控制，或是給與過高的期望等等。原本情緒涉入較深的孩子，在這時就格外困難地與家庭在心理上分離，而擁有自主性的人生。

自我分化有困難的孩子，會有兩種不同的發展：

1.活在「假我」中：完全壓抑自主性需要的負面感受，努力地符合他人的期望和達到社會性的標準。Bowen認為當一個人活在假我的狀態下，常常容易受控於外在，依靠他人的支持與贊同，增加了「集體性」的需要，因此也令他人產生過高的期待，影響了正常的人際發展。

2.情緒割斷：情緒割斷是一種解決對家庭依戀或擺脫控制的方法，其行為反應可能是與家庭成員形體接近，卻在情緒上完全地冷漠與隔離，或在形體上保持距離疏於來往，以免情緒上糾葛不清。不管是哪一類型，當家庭成員處於情緒割斷的狀態時，往往會依戀家庭以外的人際關係，繼續滿足集體的需求。可能在更早的家庭互動中，他曾經驗與家人黏結的痛苦，怕極了，於是切斷與他有關係的情緒以保護自己。我們常以為掙扎地離開家或對家庭關係冷漠的孩子，是缺乏對家的認同與情感，事實上正相反，往往孩子因為情感涉入太深，而家庭的壓力太大，造成自己內在莫大的痛苦，因此不得已將情緒割斷來偽裝自己長大。忍痛離家的孩子其實不在少數，有的孩子用切斷情緒的方法，以便有離家的力量，也許因此被人批評為冷血及不孝，其實是自救之舉。

林家長久以來一直處於高壓力狀態，酗酒的丈夫、長年沮喪的太太，林大哥從小就做了媽媽的情緒配偶，替爸爸補償媽媽一切的委屈，而自己的人生似乎早就註定要為家庭付出最大的犧牲，包括了放棄學業，辭退了外地機構的約聘，討了一個媽媽喜歡的媳婦，

替弟弟還債等等。到了成年以後，林大哥最大的驕傲就是為了他的家，他可以不計一切個人的得失，當然他也會如此地教育他的孩子——對父母的順從，對家庭的忠誠是一生中最起碼要做到的事。

林二哥從小就被忽略，媽媽心情不好，大哥忙裡忙外，個性敏感的他，最怕就是爸爸回來時的爭吵打架場面。每當媽媽一個人坐在床上哭時，他就覺得極大的無奈壓迫著他，而自己也不像大哥可以幫很多的忙，只能守本分地用功讀書。果然天從人願，林二哥考上了北部的學校，離家數百哩，可以暫時逃開，忘卻家中的不愉快。然而大學四年的生活並不快樂，交往不到兩年的女友離開了他，使得自己的生活頓失重心，幾乎一蹶不振，行屍走肉地過了幾個月，又交了個女孩，這回女孩死心塌地跟著他，可是林二哥卻常有被窒息的感覺，千方百計想跟她分手，而惹得許多朋友極不諒解，自己也就更覺得孤單。

林家小妹對家庭的氣氛十分不滿，對大哥的權威更是又怕又恨，從小嚮往自由自在的日子，可惜自己不爭氣，不能像二哥一樣堂而皇之地離開家，只能在心中默默地等待機會，或許有一天會像童話故事般，王子騎著白馬，將公主從古堡中救出，兩人過著幸福快樂的日子。而待在家的日子，就得練會眼不見為淨的功夫，反正自個兒在房間裡看小說、打電話，外面有天大的事兒，她也不想管了。

林家的三個孩子到了離家年齡各有不同應對方針，各人都付出了不同的代價。投入的大哥犧牲了許多，逃離的二哥十分孤寂，切斷情緒的小妹喪失了敏銳的感覺能力。

所有的苦是思鄉苦

雖然當 Bowen 提出自我分化的概念時，並不認為這與心理疾病有直接的關聯，然而在國內外有關自我分化的研究過程中，針對病態家庭的探討，實證結果皆有相當一致的發現。

以我們從事心理治療與家庭工作實務經驗而論，看到了許多在現實生活中遭遇各種困難的案主，包括了生涯的茫然、婚姻的危機、親子間的障礙、人際的困擾、情感的受傷……，他們都對自己的原生家庭有一份未了的依戀，埋在內心深處，有的選擇繼續忠誠而拋棄了自我；有的選擇否定或消極抗議，以極大的精力在抗拒擾人的「原鄉情節」；也有人以情緒割斷的作法，使自己掉入喪失自我的陷阱。這些方法都是在黏結於家庭與追求自我當中掙扎著找出路的方法。

每一個年輕人進入離家的生命季節時，都要面對決定自己與家庭之間距離遠近的挑選，越是黏結的家庭子女在這一點上的掙扎越大，也越易出現極端性的做法。久居家中的孩子無法享受自由自在的生涯天空；過早離家（不論是形體上或心理上）的孩子又飽嘗思鄉的失落感。

而這份思鄉的情結在有意無意間又會投射在日後的人際關係及親密對象身上，更有人因之受苦失衡。人的許多苦均與原生家庭經驗有關，也均與離家經驗有關，若說「所有的苦是思鄉苦」亦不為過。

第二部分

實務者的方法

第七章 家庭重塑是什麼

你是否有重遊兒時校園的經驗？如果環境沒有破壞，你可能會發現同樣的景觀，感覺卻大有不同。當年黃沙滾滾的操場，如今看來卻是這般的狹窄；從前攀爬的高牆，現在變得又低又矮；記憶中長長的林間小道，一眼就望穿盡頭。是它變了？還是我們長大了？

如果你有離鄉多年，重回故里的經驗，或許你會帶著些許惆悵，除了人事已非之外，似乎故鄉的月沒有記憶中的圓；故鄉的花沒有夢中的紅；故鄉的家沒有思念中的溫馨。是它變了？還是我們的眼睛失真了？

家庭重塑是提供一個機會，讓人用長大以後的認知能力與擴大了的視野，來重新回顧兒時的成長過程與家庭歷史，以形成更新的印象。由於家庭經驗影響我們的自我概念、人際模式和關乎人性的許多重要信念，諸如什麼是愛、性別角色的意義等。因此，在自我成長過程中，重新對家有個成熟的認知建構是很重要的事。

童年的誇大經驗

小時候我們對人、對事的經驗往往是誇大的。以前我在從事兒童輔導工作時，一位同事用仰角的方式替我拍了一張相片，相片中的我像是個龐然大物（其實我身高才一六〇公分），我的同事殷切的希望我記著，在孩子的眼光中，我是如此地巨大。從那次以後，每當我與孩子要做親切的溝通時，我一定會蹲下來對他們談話，因為我發覺到，當我站著的時候，仰角的位置使他們與我距離拉遠了。

孩子的感官世界是誇大的，孩子的心靈世界是誇大的，他們會誇大心中的需要、誇大規範與道德意識、誇大內心的委屈、誇大對人的喜愛，他們也會誇大地信任所愛的人。而我們每一個人都經歷過這誇大的過程，當慢慢長大以後，漸漸地發現，其實生活中許多的事情都沒有對比性的色彩，而有了中庸持平的智慧。但是在從誇大走到持平的路途中，一些人生中的重要學習經驗，已經進入我們內心深處，除非我們有機會在長大以後，用成人的眼光重新認識，不然許多都帶著童年誇大的色彩，而自己卻不自知。

　　孩子的心靈世界，除了誇大以外，由於自己不成熟，對於事理的了解常是片面，缺乏周延性與整體性，所以他們心目中對於家庭經驗的知覺無法完整，其中常有扭曲或殘缺不全。有時候，基於這些不正確的知覺，孩子會產生某些情緒反應，按照當時所持之價值觀做出生命性的決定，並深植於心田，例如：「爸爸是壞人，因為媽媽好可憐。」「我們家所有的問題，都來自奶奶。」「如果我們有錢，一切都會變好。」

　　這些深植心中的誇大或扭曲經驗，若要加以轉換或除去，往往需要伴隨著非常強大的情緒經驗，光是靠理性的認知是不夠的。若是不能夠轉換，就會影響我們處理目前現實生活中的一些挑戰。

　　雖然我並不是弗洛依德的信徒，全然相信「早期決定論」的思想，但是一個稚齡的幼兒用其有限的能力來了解這個世界，在他的家庭中學習了藉以度過今世的生活規則、自我價值感，及應對壓力之道，這樣子的說法，在學理上應不算過分。而「家庭重塑」就是長大以後，用成人的眼光和理解力，重新咀嚼過去在家庭中的學習經驗，在過程中會有相當大的情緒起伏經驗，並且可由不同的角度來重新認識這個家，進而對今天的自己產生新的領悟。

家族歷史與心理治療

尋根探源之旅

家庭重塑是薩提爾女士（Virginia Satir）在六〇年代間所創，且經過了十餘年的實務運作，慢慢發展而成一種幫助人在心靈上與自己家族歷史相聯絡，進而重整自己的成長性工具。家庭重塑不只是探索一個人原生家庭的經驗，更要探根究源地進入父母輩的原生家庭。薩提爾認為每個人都有靈性的需求，在自己的生命中尋找更大的承載者，而家庭重塑的過程，正可以把人引入靈性的境界，感受到自己生命的根源，代代相傳的脈絡，頓時與歷史的洪流融為一體。這正與中國人的慎終追遠、飲水思源的精神相通。

家是每一個人的根，誰都不例外，家庭重塑帶著尋根的情懷，更加上家庭治療先驅者在家庭系統理論上智慧結晶，以及角色扮演及肢體雕塑的心理治療技巧的運用，像是開礦一樣，讓人發現自己承自先人及家族的一切，怎樣匯入了自己的人格，成為自己內在豐富的資源。

國外家庭重塑工作者 W. Nerin 認為薩提爾（Satir）的家庭重塑對人的基本假設是：

1. 人類的過程（process）常具有彼此的共鳴性，像是我們都曾經驗過嬰孩的依賴渴望被愛的需求。
2. 人的行為模式及性格主要源自家庭中的學習。
3. 家庭經驗始自幼小，在我們建構對家庭的認知系統時，知覺尚不成熟，也沒有足夠的資訊可供取捨。
4. 人在家庭中的受傷經驗，在長大以後使人痛苦，不是幼年的創傷，而是自己以何種眼光再來看待這些創傷。

5. 人生裡充滿了許多問題，但帶給人困擾的往往不是問題本身，而是自己如何面對這些問題，人對問題的因應之道，往往來自家庭中的學習。

6. 人有再學習的能力，可在成年之後對舊有的認知系統加以重塑（reconstruction）。

7. 自我概念的建立與家庭經驗息息相關，當與家庭有關的概念改變時，自我概念也隨之改變。

8. 在成長的歷程裡，我們開始需要接受父母——他們也是人，擁有弱點的一面，而不只是個照顧者的角色。

9. 真正能夠改變的不是過去的經驗，而是現在的自我認知習性。真正需要改變的不是父母，而是自己內化進來的父母角色；不是從前的家庭，而是自己在家庭中的學習模式。

10. 宇宙是按照既定的規則在運作，人生也是如此，但是人常侷限於自己的經驗，因此看不到更寬廣的秩序性。

11. 宇宙最基本的規則就是生命力（life force），人與萬物都在這規則下運作。

薩提爾

在薩提爾（Satir）的治療理論中，「自我價值感」（Self-esteem）是一個最重要的核心概念，而 Nerin 認為提高案主的自我價值感是整個家庭重塑的最高目標。所謂高自我價值感是個體能用尊敬、珍惜的心情來對待自己。而一個人是否能完整的接納自己每一部分，直接影響其自我價值的高低。對於父母，其實他們的一些主要特質，早已內化成自己人格的某一部分。這在近代的「客體關係論」（Object-relation Theory）中以不斷的被提及而用「representative parent」來表示被個體內化了的父母，藉以區別外界真實的父母。而薩提爾認為若是我們心中不能接納父母，甚至也是對自己人格的某些部分的抗拒，而影響了自我價值感的發展，因此能夠真正寬諒父母，才能接納自己，而提高自我價值感。

家庭重塑是在家庭經驗中，透過角色扮演與雕塑，使案主得以重新補充幼時扭曲家庭經驗以及對家庭的認知，並回溯到父母的童年，體認到父母與自己的平等性，而視之為凡人，而不是角色。當我們放下舊有的父母權威形象時，意識到父母內在的脆弱時，才能在內心中接納父母的有限性。

國內家庭重塑實務工作及研究者鄭玉英亦歸納出七點家庭重塑可達到的治療目標：

1. 修正及補充對於原生家庭的認知，藉以增加自我覺知的範圍。
2. 體認及接納父母的人性，藉以提昇自我價值感。
3. 提供機會在家人不在場的情境下進行治療溝通，藉以處理未完成事件。
4. 轉化舊有的行為規則。
5. 解除與父母之間的糾結，增加分化程度。
6. 三代間的連繫及家庭中重複現象之察覺。
7. 認識自己「內化」的人格特質，藉以整合自己的豐富資源。

另外，國外薩提爾模式的訓練者J. Banman、J. Gerber等人相信「家庭重塑」的過程可以將人際及家庭所發生的傷害性及不合理行為，放入一個完整的脈絡（context）中來看，而產生更多的了解，因而改變原來的知覺及態度。

以下是兩位生長在台灣的探索者，在做完家庭重塑後記述自己的過程及感言：

〈探索者一〉

從小，我一直認為自己是沒有被父親愛過的女兒，沒有一次他抱過我的回憶，也想不起曾與他親暱過或單獨和他出遊，在與朋友談起父親時，我總是說他是一座遠山，遙不可及。

在母親口中曾聽到在幾個孩子中，爸最欣賞我，但我並不相信。因為成長過程中，我找不到這樣的痕跡，想不起他任何的讚美，只有對我批評，說我笨。當然，他也從不懲罰我，給我壓力。他只是一座高大的山，威嚴而沈靜。

在我的眼裡，媽是和善溫暖的。小時走在街上，我都挽著她的臂膀，長得比她高了以後，就摟著她的肩。年少時，每次搭公車，我都要用手臂擋開其他人，為她擠出空間來。我不准別人擠到我媽媽，我要保護她。當然，一張張漂亮的成績單更是我博得她開心的最佳工具。

基本上，我對爸有點不滿，尤其他會凶媽媽，又從不幫忙做家事。媽媽是燒飯洗衣加上班，爸則在客廳與朋友高談闊論，甚至把單身同事的衣服也帶回家讓媽洗。端午節媽包的粽子也讓他拿去辦公室請客，我心中很不平，因為爸的慷慨建築在媽的辛苦上。

遠在我出世以前，爸曾有幾年時間離鄉在外工作打天下。他走過瀋陽、上海，且在民國三十六年渡海，隻身來台。爸離家後，媽帶著年幼的兄妹、寡居的奶奶，留在東北老家。緊跟著，戰事興起，先是抗日，後是共匪進入了東北。那幾年裡，媽媽飽受驚惶，幾度遷徙，甚至寄人籬下，倍嘗辛酸，只是為了護著稚齡的兄妹，

家族歷史與心理治療

撐著活下去。

　　為了要收集資料做家庭重塑，我曾回去和爸媽漫談家中的陳年往事。談到那一段他們離散的歲月時，一邊聽爸眉飛色舞地談他的冒險開創，又一邊見媽將那一段辛酸娓娓道來，我突然心頭一亮，有了個嶄新的領悟和發現：在我的個性裡不正擁有父親的開創和母親的保守個性嗎？它們也常在我的心中衝突。每當我想做些創新冒險的事情或工作時，另一個聲音就會在心中響起，擔心、顧慮、扯我後腿，我很高興認識了自己內在不同的特質，我知道如果處理不當，它們是衝突，會消耗我的精力，但是，如果我能善加整合，妥當地選擇運用，它們是我所擁有的最佳資源。

　　自小，我是那坐在母親腳邊聽她傾訴的小女兒，我分享了她涓涓滴滴的哀怨苦楚，然而我從來不知「遠山」的想法是什麼。片面的了解與童稚的偏執，使我對爸有一股怨忿。家庭重塑給了我一個整體觀，使我了解戰亂的離散中，爸也有犧牲，也很苦。我仍難過他們的辛苦——雙方的，但是我不再怨尤，完全接納了他們的關係，感謝他們在苦難中育成我們。

　　在家庭雕塑裡，我發現我們手足都擁在母親身邊，高高在上的爸爸其實是孤單而負重的。扶持著他的寡母，他也很無奈。而由孩子散出的那股怨忿或許也是隔開我們的因素之一吧！

　　導引者在我耳邊的一句話震動了我：「你沒有給他機會去接近你。」「在你邀請他時，同時傳遞了『你不相信他會來』的訊息。」我口中想大叫「才不是這樣」，但是在心底，有一迴響說：「好像是的。」

　　扮演父親的人長得英挺粗獷，恰是年輕時的父親。他那緊閉的嘴唇，眼中閃著的淚水，在雕塑過程中，自始至終定定地注視我的

眼神,他幫助我看到蒼老之前的父親,一位年輕男性的心與情。我相信父親在過去三、四十年中也一日未停地關心著他的小女兒,只是他太不善表達了。

對我來說,家庭重塑是個「把愛找回來」的經驗,把對父親的愛找回來。我經驗到我們的父女情,打從最深的心底,我相信了我是個被父親疼愛的女兒,這對我是多麼重要的事。

我的重塑過程中,有一場父母的婚禮。當我看出導引者要安排這一場景時,我覺得荒謬極了,也有一種尷尬的感覺。但是,當充分暖化了的角色扮演者進行婚禮,耳邊響起結婚進行曲時,我怎麼也料不到,發自內心的淚似泉湧。成年的我早已懂得什麼是婚禮,知道它是怎樣的一種相互交付和終身承諾。天啊!世上竟有一個婚禮是屬於我爸媽的。他們曾經這樣年輕過,羞澀而勇敢地踏出這一步,在這個婚姻中,有了我。在這似幻似真的劇裡,我確知久遠以前,這是曾有過的事。接觸到生命起源的經驗,帶來的震撼真是難以形容,也遠超出我的想像!我覺得自己生命的根,更穩穩地紮下,我對爸媽說:「我很高興你們結了婚,高興你們生了我,讓我到世界來走一遭,下輩子我仍願做你們的小孩。」

祖父母及外祖父母兩方的家庭系統都有嚴重的重男輕女觀念。當重塑進行到母系家庭中,外公因為外婆連生數個女兒而決定納妾時,我發現憤怒充滿我的全身,雖然早就知道重男輕女是文化中的特色,但當這是我母親生長期間的家庭,那一刻女孩兒中立著我媽媽時,那怒火是真實而強烈的。

當導引者要我面對外公說話時,我表達了我的憤怒。導引者指著我問:「外公」,「這樣的家庭後代裡,出了一個這樣能幹而美麗的女孩子,你為她驕傲嗎?」我接過話來,由自己口中斬釘截鐵

地說：「我值得你驕傲！」觀眾中爆出掌聲，在重塑中這並不尋常，我聽出那掌聲是情不自禁的喝采，我相信團體中有人與我共鳴。在那一剎那間，一股承自傳統的女性的不平和卑下之感幽然消散了。我知道憤怒之火已化成了進取之心，願它堅韌而平和地伴我前行。

導引者說：「妳可以永遠不原諒妳的外公。」我卻發現沒什麼不可原諒的了。抬頭看站在面前的外公，見到他下垂的眼瞼（事實上我從未見過外公），我輕喚一聲：「姥爺」，這是我們東北人對外公的叫法，我想起來他也是我生命中一個多麼親近的人。「姥爺」是多麼甜美的稱呼，我只聽過孩子叫他們的姥爺，我從未使用過。我高興自己擁有過一個姥爺，不管他是怎樣的人，他是我媽的父親。

〈探索者二〉

我，三十出頭的男人，有一份穩定的工作、愛我的太太，和一個出世不久的孩子。

常常聽到一些朋友們羨慕我的順利、我的幸運，我也真的很感激我的工作和家人、朋友，帶給我很豐富的生命。可是這並不代表我每一天都快樂。這種豐富和幸福的感受與另外一種空虛和無奈的感覺，其實是並存的。

許多下班後的黃昏，一個人開著車子穿梭在台北市的街道中，面對著繁忙而令人窒息的交通和一張張陌生的臉孔，一股莫名的惆悵和空虛，就會慢慢爬上我的心頭。這種感受好像李宗盛所唱的一首歌：「總是平白無故的難過起來，一天又過一天，三十歲就快來，往後的日子怎樣對自己交代。」難道這種空虛和一點點恐慌，

就是一個三十多歲的男人所必須面對的感受嗎？在這空虛的感受裡面，心中常浮起一句話來——我從哪裡來，我又要去什麼地方？在內心深處，一直存在著生命的根源，不斷地向我呼喚著。

幾位常在一起探索的朋友，介紹了我認識家庭重塑，它使我想到國中時代看到的那部膾炙人口的連續劇——根。記得當時有多少個夜晚，我們全家人緊依在電視機前，而我蹲在母親的腳前，浸淫在那個驚惶失措的小黑人——孔達肯特，被捕捉到美洲大陸後，所展開一連串令人憤怒、憐惜，也令人感動的故事。

當時，正值青少年的我，所關心的無非是一些課業上和人際上的困擾。但是這一部連續劇，卻隱隱約約地吸引著我，去探討另一些與我相關且深具意義的主題，那就是我生命的根源。

然而，在當時，對於想要探索自己根源的心，因著升學的繁忙和壓力，慢慢地跟著連續劇的完結而消失。沒有想到十年後，在家庭重塑的活動中，又重燃了我隱藏已久的尋根動機。我想要了解的是在我生命中，我的家庭和所有的成員，他們給了我一些什麼，成就出今天的我。我很想知道我是從什麼地方來的，或許這可以更肯定的告訴自己，我要走到什麼地方去。而實際生活中，對自己想要成長和關心的部分是：

第一：當我面對家中八十多歲的老祖母時，我心中有相當的矛盾。

她是一個孤單寂寞充滿哀怨的老人，我對她常感不耐，沒有心力去陪伴她的孤單，傾聽她的哀怨。但更困擾我的是，我又為此自責而生氣自己沒有盡力去照顧她。

第二：常常生活在忙碌中，似乎總覺得有一股力量，把自己推得團團轉，在工作上，總要把自己用到最後一滴才心甘情願。

在每天消耗大量的精力後，又無法拒絕想要再工作的慾念。我是個工作狂（workholic）嗎？我想了解在後面推動我勇猛向前衝的力量是什麼？什麼使我煞不住車？

在一個週末的夜晚，我與我的家庭重塑導引者做了第一次的晤談。我們幾乎花了兩個多鐘頭的時間，他非常細心地陪著我一起畫出我的家庭圖。途中包括父親的家、母親的家、我成長的家，以及我和太太所擁有的這一個家。家族中的每一個成員，他的出生死亡、他的特質和他所經歷過的一些重要事項，我們都仔仔細細地把它記載下來。中途，有好多地方，我發覺自己從來沒有真正仔細地關心過。而透過一張紙和幾支彩色筆，卻將這些我從沒有注意到的部分給塗出來。在我集中焦點注意它們時，才發現原來這些地方居然也深深地影響了我，成為我生命中重要的部分。

結束會談後，我一個人在夜裡開車回家，我發覺自己的口中正不知不覺地哼著高中時常與玩伴們唱的一首英文歌，歌名叫 I got the name。它的歌詞有一段是這樣寫的：「就像是一棵棵的松樹蜿蜒在鄉間的道路上，我擁有了我的名字。」是的，我當時的感受就像是這樣。

還有什麼比擁有自己的名字這種感受更為滿足和肯定？所謂名字，它不但代表我的生命，也代表我所來自源遠流長的根。我發覺還沒有真正進入家庭重塑，而只做了行前作業，心中已經充滿平靜和滿足，有一種自己很完整的感覺。

進入家庭重塑過程，當我在二十幾個人面前攤開我的家庭圖時，內心充滿著羞澀與不安。但是當我看到每位成員都帶著好奇和尊敬的態度時，我也擁有一些自豪和肯定，心中的話好像是：「瞧！這就是我和我的家。」

當導引者利用角色扮演的方法，帶領著我進入我祖母的生命時，一幕幕塵封已久的歷史，開始栩栩如生地揭開了。我看到一個十六歲的少女，用害羞的眼光偷偷地望著她生命的依歸，一位年輕瀟灑的男人，這一幕使我怦然心動，我突然意識到，原來祖母也曾年輕過，有她的幻想，有她對愛的渴望。

然而這位少女卻在她青春奔放的年歲裡，步入一個嚴謹的大家庭，成為傳統大家庭的媳婦。所有的幻想和情懷都變成了生活中的責任和重擔，而長年奔波在外的先生，則使她多了一份孤單與寂寞。他們的第一個孩子不幸夭折，更加深了她的惶恐和哀傷。此刻，我深深的了解到祖母曾有許多未圓的夢、未了的青春，深藏在她內心的深處。也無怪乎，在她步入生命的最後階段時，常是那麼失望與不滿，她實在需要更多的愛與關心。

在顛沛流離的歲月中，她經歷了大時代的變遷和戰亂。我一向以為這些戰爭和分離，只是屬於歷史課本和考試分數的。我從來沒有那麼深刻的體驗到，原來這牽繫著每一個中國人的歷史，也在我個人及家庭裡具有重大的影響力。

年輕的祖母隻身帶著子女們隨著政府遷台，在決定遷台的一刻，導引者帶領我進入父親內心的世界，我看到了一個也正值青春年少的孩子，充滿著壓力和矛盾，似乎因為子代父職，而失去太多在他這個年齡應有的歡樂與夢幻。在那一刻裡，我完全懂了父親。從我的心中，我體會到父親的生存法則，那就是「唯有能力和成功才能證明生命的價值」。在我濕潤的眼眶中，我體會到父親所擁有的成就是多麼得之不易，是多少辛苦換來的。我心疼、尊敬，也感激他的辛苦，因為他的辛苦，創造了一個自信而願意努力的我。

同時，我意識到，自己也是用不斷的工作，換取各種各樣的肯

定。雖然我沒有經過父親的苦難和沈重的責任，但是他的生存法則，也默默地複印在我身上，使我像一個旋轉的陀螺，不停地轉動，唯恐不能發揮更大的力量。體會父親的生存法則時，對自己也多了一份了悟。

坦白地說，家庭重塑並沒有使我戲劇性的改變，可是，有一次我與祖母走在家附近的巷子裡時，她唐突地一直盯著一位漂亮的年輕小姐看，我當時從心底浮出的感受不再是嫌惡不耐或憤怒，而有無限的感動從心中湧出，因為我看到的是一個年老的女性，走在她生命的盡頭時，仍不能忘懷自己所逝去的青春。她的眼中有羨慕也有欣賞，她認識那青春，因為她也曾擁有過。

我深信：凡走過的路，必會留下痕跡。的確，我們家族曾經走過的每一步路，都在我的身上產生了影響。有機會能夠將這條路重新再走一遍，這就是重塑之旅。

做完家庭重塑之後，我面對襁褓中的兒子，想對他說的是：孩子，爸爸能夠給你的就是我真實的全部，這些都來自古老的中國裡，我們的家族，也是你的根。這個根源會使你活得更踏實、更肯定。如果你能夠學習著去咀嚼這根源的每一個細節，而接納它，將是你生命中無限的寶藏。

由前面兩位探索者的心情，不難有感於中國的歷史多難，雖然我們這一代生長在平安的土地，然而上一代大環境的分崩離析，深刻的烙印在每個中國人的內心深處，透過家族血脈的繁衍傳承，默默地影響著炎黃子孫。五年來我與工作夥伴——鄭玉英女士，經歷過數十場中國人的家庭重塑，深刻地體驗到大環境的脈動對人格的影響，以及中國人獨特的愛與苦。

家族歷史與心理治療

第八章 家庭重塑的方法

家庭重塑是採用團體工作的方式進行，通常需要三十至四十小時的團體時間（每次三小時），每週一次的形式，或連續三天兩夜的工作坊形式；人數以二十至三十五人為理想範圍；年齡則以成年人為限，兒童與青少年是不適合做家庭重塑的，因為他們仍然在被塑階段，尚未完全發展獨立思考及判斷的能力，無法將重塑過程的經驗整合起來。

在將近四十小時的心靈旅程中，每位成員都可以透過各種的體驗性活動與分享和討論的過程，有系統地整理自己的家庭經驗，以及探索父母親的童年歷程。整個工作的高潮是在為一位探索者用角色扮演與肢體雕塑的方式，將他的家庭經驗立體地呈現出來，探索者不只是可以觀看他的家庭發展，還可以參與其中體驗過程，認識家庭系統的奧妙。

探索者的產生必須是自願的，一般來說，會有意願參加家庭重塑，並且願意成為二十幾個人注目的焦點，多半是有極強的成長動機，以及探索自己的慾望，或許他們已發現目前的人生困擾或難題，與自己在原生家庭的一些學習經驗有關，因而更想回溯古老家族的脈絡，以了解自己生命的源頭，藉以認清在目前困擾中，自己的應對方式有無修正空間，對目前問題之處理上，自己擁有什麼來自家族資源能力可以運用。

當我們為一位探索者做家庭重塑時，我們並不直接觸及家庭中的真實人物（這是與家族治療最大的不同），而是透過角色扮演者，配合著肢體雕塑與戲劇過程，使時空倒轉二十年、三十年、四十年，甚至八十年。用角色扮演的方法，象徵式處理家庭系統，其

優點如下：

一、一個人在做家庭重塑時，面對角色扮演者，要比面對真實家人更能直接、坦率及充滿情緒地表達自己。例如：做家庭重塑的人（我們稱之為探索者）的父母在場，他可能在心中受到威脅而畏縮，以至於他的思想、悟性及自我表達都凍結住了。若要有所突破，必須自由地看清和處理家中的情況 —— 至少是探索者所主觀知覺的狀況。其實，影響當事人反應方式的，正是他主觀上對現實的知覺，而不見得就是現實本身。

二、探索者的家人也許有某些心裡的話，一直沒有向探索者充分表白，而家庭重塑中角色扮演者，因為不像真實家人那樣固著於行之多年、習以為常的心態，所以，反而能將所扮演的家人心中的感受、想法、渴望、習慣充分流露出來；對探索者而言，若要有所改變，發現家人掩藏未露的部分是極具重要性的。

三、當然，角色扮演者能代替無法出席的家人。

四、藉著角色扮演，可以設置探索者的源自家庭，以及他父系（Paternal family）和母系家庭（Moternal family）。他的父母就是分別在其中學到某些行為模式，而帶入婚姻，並養育了探索者。在幫助探索者了解家族中代代相傳的行為模式上，這是關鍵性的過程，這個有力的衝擊能夠促使探索者改變。

肢體雕塑與角色扮演

當我們從事家庭重塑的工作時，常常覺得自己是在伴隨著探索者進入一條神祕而冒險的旅程，雖然一切都在虛構的場景與角色扮演中進行，但是參與其中的人大多都投入了真實的情感，探索者更

是融入其中，彷彿真的置身於歷史的洪流裡。

我非常驚嘆許多的角色扮演者，在經過暖身後，擁有相當高的自發性與想像力。他們耐心地體會和真摯的態度，勝過了職業演員，探索者藉著這些角色扮演者的體驗，擴充了對自己家庭系統的認知範圍。探索者若有機會參與角色扮演，去體會在自己家族中任何一個角色，都有助於他本身意識範圍的擴大。

另外，在重塑的過程中，會運用許多肢體雕塑的方法，來傳遞各種不同的內在心理狀態，或人際互動模式，這是一種非常具有威力性的技巧，它能夠刺激探索者的知覺系統，並且直接由身體引發內在的深層感受，同時還可以幫助其他成員，很快地了解及同理到當事人的心境。

由於在家庭重塑的探索過程中，大量地使用角色扮演與肢體雕塑的技巧，因此許多人都把它與心理劇相提並論。我與我的工作夥伴——鄭玉英女士，在這些年來，一面從事家庭重塑工作，一面也帶領心理劇團體，我們花了不少工夫比較其中異同，有一段時間我們把心理劇導得像家庭重塑，把家庭重塑做得像極了心理劇。另有一段時間，我們刻意地把家庭重塑與心理劇嚴謹地劃分，彼此井水不犯河水。直到目前，我們不得不承認，它們二者的風貌確有相當類似的地方，然而基於治療理念的不同，因而在過程中的臨場判斷，以及最後的治療目的也大不相同。但是從事家庭重塑的治療者若是能熟悉心理劇的技巧，更能將歷史的氣氛烘托出來。反之，心理劇的導演若有家庭重塑的知識架構，更可充實劇情的治療性效果。下頁表格可以比較出心理劇與家庭重塑的差異性。

心理劇以一個即興出現的主題為前導，藉以切入主角的心靈及所處情境；家庭重塑則以家庭歷史為出發點及藍本，在其中遊歷探

索力圖家的全面性，在完整的脈絡背景中，見到一個人格特徵的形成及個人的行為模式。心理劇不圖全面性廣度，都聚焦在一個點上，切入及謀求突破為其差異所在。

	心理劇	家庭重塑
創始人	J. Moreno	V. Satir
理論基礎	角色理論	家庭系統理論
使用技巧	設景、角色扮演、具體化等技術繁多	角色扮演 肢體雕塑
結構	即興演出，結構性低	結構性高
主題內容	當場決定主題方向	以家庭史為藍本
主角	現場產生	可以事先安排
所探討之有關時間	兼具過去、目前、未來場景	回溯過去為主
目的	提高自發與創意	看清家中的學習脈絡 轉化家庭規則 整合自我

　　為了要使讀者更具體地瞭解「家庭重塑」的工作坊形式，我以一次三天的「家庭重塑工作坊」實際工作為例分類整理。依其活動的型態分成下列九類，分別為：一、大團體中的演講；二、大團體中的討論；三、大團體分享；四、團體測溫；五、大團體中的個人治療；六、大團體中模擬家庭雕塑與角色扮演；七、大團體中的個人性活動；八、中組分享；九、小組分享與演練。茲將各組事件分述如下，來幫助讀者認識「家庭重塑」工作坊的活動形式。

一、大團體中的演講

　　指由兩位領導者以單向溝通的方式，與團體互動，講述一些關於家庭與人的理念和理論。這類的事件共出現四次，且相當平均地分配在第一天下午、晚上，第二天上午，第三天的近中午。在時間的使用上均在二十～四十分鐘之間，每次的講述均有明確的主題，分別是：

第一次　Satir 的改變歷程與溝通模式；

第二次　系統的概念與家庭系統的互動；

第三次　家庭內在壓力與個人調適之道；

第四次　Horny 的理想我理論。

　　這類的活動，主要提供成員在認知上有一架構來幫助自己整理成長的經驗，而在資料整理的過程中，按其前後活動進行類別來看，這類活動共有兩種不同性質的功能：1.引發後續活動，使成員在進入後續活動前，在認知上先有暖化（warm up）的效果，例如：第一天上午的關於改變與溝通的演講，連貫了前面三人小組活動中所分享有關「期望」的主題，而引發了後續三人及六人小組所作的溝通演練；在第一天晚上，領導者直接由演講「系統的概念」，連結到做大團體的家庭雕塑與角色扮演活動；第二天早上，經過休息後，領導者亦由演講「家庭壓力與調適」為出發，而這個主題與先前活動無多大相關，引出大團體對這個主題的討論，爾後進行三人小組的分享。2.整合前段活動，使成員在經過前段活動後，在認知上有澄清及整理的效果。這種性質的策略在第二天上午出現過一次，當某位成員在團體前與領導者展開了一段治療的過程，激發了許多成員的情感，經過三人分享與休息後，領導者即以一篇 Horney

的「理想我」為題，發表了近二十分鐘的演講，而這個主題與前段治療的過程相互輝映，爾後領導者並請每位成員針對同一主題在三人小組中進行個人性分享。

二、大團體中的討論

指由領導者引發或由成員自發，以語言溝通的方式，來交換某些認知上的觀點，或疑惑。這類的事件共出現兩回，且都是緊跟在大團體演講之後（第一天下午及第二天上午）。一回是在領導者講完溝通的模式之後，另一回則發生於領導者談了「家庭壓力與調適」的主題後，每回發言的次數分別為：五次及八次。從討論議題中研究者分出成員不同層次的投入：

1. 自我抽離／在學理上尋求澄清——例如：
    a.「你們剛才說到有關改變的四個部分，它是關於哪個理論或學說？這幾個部分彼此的關連又是什麼？」
    b.「兩位提到了四個溝通的模式，不是還有第五種一致型嗎？何以沒有提到？」
2. 自我投入／在概念或方法上需要澄清，例如：
    c.「這四種哪一種比較好？或者，怎麼樣使用它最好？」
    d.「我要怎麼樣把它們運用得更好？是不是有什麼方法？」
3. 藉著某個問題，來分享自己的經驗，例如：
    e.「改變需要多長的時間才能完成？……我已經花了兩三年的時間，不斷地做自我探索，但是自己仍然有時會……」

三、大團體分享

指成員將自己經過的某些體驗，真實地敘述出當下內在的狀況

家族歷史與心理治療

和感受，這類的事件發生過三次，分別在第一天下午一次，第二天下午兩次。第一次大團體的分享，主要是針對做完溝通練習的回饋，像是：挫折、發現與心得，而也有少數在澄清觀念上的混淆，如同大團體的討論。第二次的大團體分享則是透過了先前活動的催化，而集中在分享與父親的關係和父親童年的經驗。

四、團體測溫

這是在Satir工作模式中相當獨特的一種大團體分享的方式，與一般的分享不同的是，團體測溫較結構化地將分享的方向分成若干種類，像是：感謝、欣賞、新發現與學習、困惑、失望或難過等。另外一個團體測溫的特色是，成員必須由自己的位置中站出來，走到臺前（領導者的位置）與大家分享。這種分享有三種功能：1.領導者在人數眾多的工作坊中可以接觸到單獨的個體；2.鼓勵成員有冒險及主動將自己呈現在團體中的行為；3.使領導者較具體地掌握大團體的動力狀態。第一次的團體測溫在第二天的上午就有十位成員上臺表達了感謝、困惑、發現及難過，而引發了領導者為其中某位成員做了一段個別治療的工作。

五、大團體中的個人治療

指的是在大團體活動進行中，領導者針對某位成員展開一段較連貫而完整的個別性治療過程。這類的事件共出現五次，且都是聚集在第二天與第三天，尤其是第三天的上午，密集地出現了三次，時間長度上從三十分鐘至五十分鐘不等。而五次的個人治療皆是從大團體分享中引發的（四次在團體測溫，一次在大團體分享父親童年經驗），有一次領導者主動明確地邀請（第二次），其他則是在

領導者與成員對話互動的過程中逐漸形成的。這類的事件，大多引發了其他團體成員的自發行為，或是情緒狀態。

而在這五次的個別治療過程中，五位不同的案主皆在自己原生家庭的脈絡中，面對一位重要他人（significant other），其中三位是媽媽；一位是爸爸，一位是哥哥，並在治療的過程中表現出：1.豐富的感情；2.替代性的眼光；3.發現自己內在的需要。

六、大團體中模擬家庭雕塑與角色扮演

指領導者在大團體中邀請成員組成一個假想的家庭，並用肢體表現角色扮演的方式來呈現當中複雜的互動。這類的事件在第一天的晚上，由領導者透過講述家庭系統的概念之後，邀請六位成員組成一個家庭，並且賦予每一個成員三個特質；由張三與妻組成了家庭，各自帶著自己的期待進入婚姻，領導者請張三與妻假想一個衝突，擺出夫妻之間高低的位子，各在自己位子上有的感受，接下來大女兒出生，說出自己帶著的希望，並用自己的身體姿勢參與，在家中選擇一個屬於自己的位子，並體會在此位子上會有的感受。

此時，團體氣氛是熱鬧的，領導者在邀請時踴躍，並且在賦予特質時其餘成員亦給與意見；觀察者認為團體成員有共同參與的感覺。

接著領導者又將大兒子、三女兒、四女兒同樣的過程雕塑出一個家的樣子。並請每一角色扮演說說如果在這樣的家庭中長大，是否有什麼樣的期待，對未來婚姻的期待是什麼？希望找一個怎樣的伴侶？

爾後邀請在場的成員，如果能體會家中誰的角色，或是這個角色還可能有怎樣的心情，可以站在他的位子上說說。而有約有十位

左右的成員出來分享自己在某一位子上會有的感受。

七、大團體中的個人性活動

在大團體由領導者安排的一些結構性活動，而活動的過程，不需要與他人互動，由成員自己獨立經驗與完成。這類的事件有三種：冥想、畫圖、肢體舞蹈。

1. 冥想——這是Satir的工作模式中相當特殊的一部分，透過音樂與語言的引導，成員閉上眼睛，身體呈現輕鬆狀態，大腦開始展開一些想像性的經驗。這種事件在第二天上午一次，下午兩次；上午經驗到的是接觸自己的身體，感受到自己的存在，有少數人開始流淚，也有少數人睡著了，其他人則閉著眼睛，給自己的身體以及價值許多的讚美。下午第一回經驗到的是：

先讓自己做身體放鬆，想像一個大大的汽球飄出窗口，變成一隻蝴蝶，飛到父親的故鄉，知道父親是在那兒度過了他的童年，再慢慢地停下來，用你的鼻子聞聞這兒的味道，用你的心靈體會走進這塊土地，走入這個時空，一個屬於未成年小孩的世界。他有一個怎樣的童年或壓力或夢想或盼望？是否有時他也會害怕？或他最常在怎樣的心情下。給自己幾分鐘的時間陪陪這個小男孩，並且靠近他。

下午的第二回仍然是想像著蝴蝶的飛舞，飛到母親的故鄉，看到母親的小時候，並體會她的需要，送她一個象徵性的禮物。

2. 畫圖——由領導者安排成員以圖畫的方式，來進行自己家庭

經驗的整理共有三次，一次是在第一天的晚上，畫家庭關係圖；第二次是在第二天下午，畫父親的童年；第三次也是在第二天下午，畫送給母親的禮物。由於這些活動，都是個人自己獨立的完成，所以難以觀察到具體的反應，但是團體的氣氛多半是沈靜，有音樂陪伴，偶有成員走動，交換意見。

3. 肢體舞蹈——在第二天的下午，由領導者安排邀請某位成員帶領團體跳韻律操，配合著音樂，即肢體的開展，團體的氣氛相當熱鬧、活潑。

八、中組分享

指由領導者安排，將成員按某種方式分成大於五人以上之組群，進行分享。這類的事件發生過三次，分別在第一天晚上、第二天的晚上及第三天的中午。分享的主題皆是與自己原生家庭有關，在第一次的中組中並沒有帶領者介入，而第二及第三次皆由領導者安排六位團輔員（每組二人）帶領成員分享，其中第二次運用了近三小時的時間，仔細的與成員一起運用雕塑與角色扮演探討某些成員的家庭經驗。雖然中組人數較大團體少，成員分享與表達自己的機會較大，但是各組反應差異甚大，A 組據輔導員回報，團體時間為少數人壟斷，而分享形式較偏於理性上的分析與陳述；B 組情況較能投入，由輔導員透過雕塑與角色扮演，呈現某成員的家庭動力時，其他成員參與熱烈；而 C 組的成員似乎對團輔員較不能產生信任，因此表現出較多的困惑與建議。

九、小組分享與演練

指由領導者安排成員固定三～四人小組，進行經驗的分享或溝

　　家族歷史與心理治療

通的演練，這類的事件在三天中共發生七次之多，且散佈在每一個時段，時間從十五分鐘至三十分鐘不等，且多安排在一些重要事件之後，例如：畫完自己原生家庭圖、冥想完自己的母親童年、演講完家庭的壓力與調適……等。分享的主題也都與前項事件息息相關，可以視它為前項事件的延續。領導者有時會顧慮，小組內所分享的主題與領導者所賦予的目標會不一致，開始時還能按照指定主題進行分享，然而到後來就談散了。另外小組中也有時間被某人壟斷的現象，造成其他成員分享時間不夠。而在外圈觀察，時有看到小組成員彼此支持的功能，例如：某人掉淚了，另兩位成員在旁耐心地陪伴傾聽。另外有些在大團體中較少發言的成員，似乎在小組中較能侃侃而談。分享時間不夠導致拖延的現象，則是每次都會發生的現象。

家族歷史與心理治療

在一個家庭重塑的團體中，無論是探索者或是其他的成員，都可以藉著相關的資料搜集活動而受惠，或是激發新的感觸，或是得到新的領悟。有些朋友透過紙上作業分析自己的家庭動力，找出自己的生存法則；有些朋友驚訝地發現某些痛苦的經驗，在第二代家庭中重複地出現；也有些朋友透過與他人的分享，刺激了部分童年早已忘懷的記憶；更有些朋友，發現所知資料的殘缺，興致勃勃地回家找長輩，探詢更多的資料。我曾不只一次地聽到有人因為資料搜集的需要，第一次與父母融洽地相處，聆聽他們的前塵往事，調整了彼此的距離。

家庭圖

在家庭重塑的過程中，三個家庭關係圖是最重要的工具與藍圖，包括了：自己生長的「原生家庭圖」，以及父親生長其中的「父系家庭圖」，母親生長其中的「母系家庭圖」。列出其中出生、死亡、結婚、離婚的日期。如果日期不詳時，猜測推想一番，並在日期之後加上一個問號。在每一個人的旁邊，列出幾個形容詞，描寫你心目中的他；也可以像下面的例子一樣，描述出親子之間的關係。圖中要包括每一個家中的成員，例如：祖父母、廚子，還有奶媽等。

在畫完家庭關係圖後，可以分別對每一個家庭回答下列幾個重要問題：

一、在這個家庭中誰最有影響力？

二、在這個家庭中誰最辛苦？

三、在這個家庭中誰最被忽略？

四、在這個家庭中誰與誰最相似？

五、在這個家庭中我（父、母）學習到什麼應對之道？

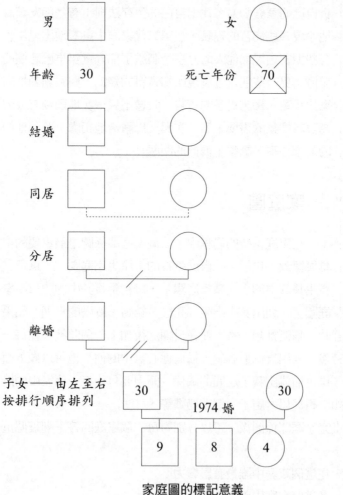

家庭圖的標記意義

　　　　　　　　　　　　　家族歷史與心理治療

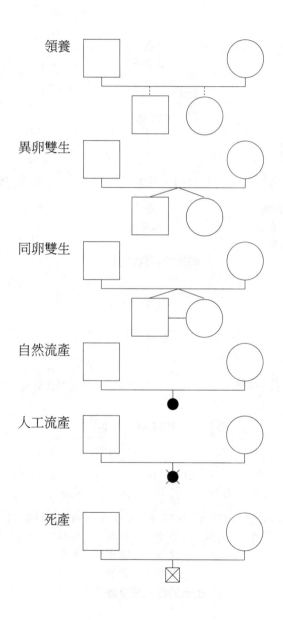

領養

異卵雙生

同卵雙生

自然流產

人工流產

死產

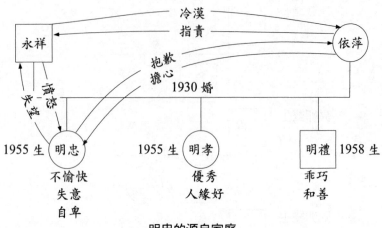

明忠的源自家庭

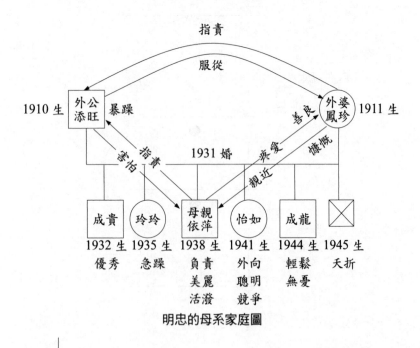

明忠的母系家庭圖

家族歷史與心理治療

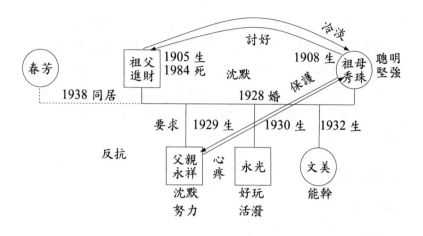

明忠的父系家庭圖

🚩 家庭年表

　　家庭年表列出來，是由祖父母出生的那一年開始，一直到現在，家中發生的事件、史實，以及它的日期。大事記中要包括所有你覺得可以解釋今天你何以為你的一切有關事件，及它的發生時間。也許你不明白某些事件怎麼能夠解釋你之所以為你，但是，如果你隱約地感覺到某事件跟你這個人的塑成，有某種相關的時候，你就把它列下來。例如：某一個家庭的故事或神話可能非常重要，因其中的說法影響了我們，而我們以某一種程度遵從。這個年表所包括的不只是出生、死亡和結婚的日期，還包括生病、轉學、失業、成功、失敗的記錄。當時世界的情況，也在一個人的形成上，扮演某種角色。

　　許多探索者在由父母或其他活著的親人身上蒐集資料時，都有

非常精采的經驗，這個工作經常將他與父母、親人的關係拉近了。父母和親人在被問到他們生命中的事件時，往往顯得非常高興。

家庭重塑年表可以分為三個部分：父親的家庭、母親的家庭，和自己的源自家庭。家庭起自父親和母親開始認識和約會的時候。當某一個事件跟日期是出於你的猜想時，你就在它的旁邊打上一個問號。

家庭年表範例

母系家庭

一八九〇　外祖父出生

一九〇八　外祖父娶祖母

一九一一　大姨媽美如出生

一九一二　二姨媽貞如出生

一九一三　三姨媽英如出生

一九一四　母親筱如出生

一九一五　外祖父納妾秀姿，外婆生活陷入愁苦

一九三八　母親出嫁

一九四七　外祖父病逝

父系家庭

一八八九　祖父出生

一九一二　祖父娶祖母安祥

一九一三　大伯父出生

一九一六　姑姑出生

一九一八　祖父決定父親與母親指腹為婚

🚩 出生冥想

　　家庭重塑的過程，除了重視史實的呈現，其實更重要的是當事人的想像力，與潛意識經驗所交織而成的主觀世界，因為這個世界遠比客觀的真實更影響到人的心靈。在家庭重塑工作坊中會用許多

的冥想與催眠式的語言刺激當事人的直覺，激發人豐富的想像力，出生冥想及父母童年幻遊即是例子。

　　「想像你回到了童年居住的老房子……，在你的眼前，你看到了那棟房子的大門，留意到那個門是什麼顏色的，你打開門，瀏覽一下你周遭的環境，聞一聞在這裡空氣的氣息……，也許你的視線會被房子周遭某一個特殊的景物所吸引，也許你看到一棵樹，或是一道圍牆……，你再度把你的視線放在這棟房子的大門上，你走進了這道門，而你看到房屋裡面的擺設，你瀏覽室內的家具，留意到那些家具的顏色和質地，這是你度過童年的一棟房子，這是你度過童年的地方，這裡有你走過的痕跡……，你看到一個小孩子向你走過來，他是屬於某一個特定的年齡，跟你同樣的性別，你看不太清楚他的臉，他的臉孔由模糊而逐漸清晰起來，你發現到那是童年時候的自己，你用溫柔的眼光看著他，留意到他穿著的衣服，留意他有怎樣的髮型，看他正在做什麼？他的周圍可有什麼人，在這棟房子裡面，他經常會聽到什麼樣的聲音，別人怎麼稱呼他……，而你會給你自己一個許可，許可自己靠近這個孩子，你會伸出你心靈的手，觸摸他的頭髮，跟他共處片刻……；你會願意聽一聽他的心聲，和他在這棟房子裡的感覺，在這世界上沒有一個人比你更了解這個孩子，沒有一個人比你更認識他，而你會給自己幾分鐘的時間，接觸他的心靈……，聽一聽什麼事是這個孩子所盼望的，什麼事是這個孩子心中所害怕的，他好渴望能夠……，而在他最害怕的時候，他會……，會在你的心底找到幾句話是你想告訴這個孩子，也許你會告訴他：你好欣賞他的什麼，你也會願意告訴他你心疼他的……。再一次瀏覽這個孩子居處的環境，你會體會到他是多麼獨特的一個孩子，而用他獨特的方式在這裡成長，你認識他的甜蜜時

光，也認識屬於他的壓力。你將要準備離開這個空間，但是你知道這個孩子就住在你的心底，任何時候只要你願意你都可以在你的心靈深處，那個神聖而祕密的地方見到他，與他共處，而已經長大了的你，早已學會怎樣照顧他、愛護他、聆聽他和領導他⋯⋯。」

出生的冥想，不是為了記錄出生的史實，大多數當事人都是在極有限的資料中，加上豐富想像力，構成一幅出生畫面，從這些投射中，我們可以了解當事人的自我概念、對父母的基本感受，以及基本生存法則。我們會鼓勵成員們將冥想的經驗畫在圖上，再進行分享。

父母童年幻遊

打從我們出生與父母初見時，他們就扮演著父母的「角色」，所以我們不習慣將其視為「人」。而在家庭重塑的過程中，我們可以藉著幻遊及角色扮演，經驗到父母親在還沒有成年前，尚未成為我們的父母以前，也曾經有過的年少時光。

「當我看到年幼的父親（角色扮演者），單獨離開家鄉，懷抱著無限的恐懼及盼望時，我的眼睛濕潤了⋯⋯。」

「在扮演母親時，我體會到成長在一個大家庭的無力與混亂，我真想早一些離開這個家，或許遠方會有我期待的夢想⋯⋯。」

在重塑的團體裡，我們常可聽到這樣的分享，當為人子女的體驗到父母也曾為人子女，心中往往是百感交集，有人因此感傷，有人因此失落，也有人因此寬諒，殊途同歸的是認識了父母原來也有其脆弱及幼小的心靈，而不只是角色而已。

「當音樂響起的時候，想像在你的眼前看到一隻蝴蝶……，你看到那隻蝴蝶翅膀上的花紋，是屬於你最喜歡的那一種色澤，你允許自己的心神隨著這隻蝴蝶飛揚起來……，而你的心神也隨著耳邊聽到的音樂飛揚起來，你心靈的眼睛所看到的蝴蝶越飛越高，你的心神亦隨之起飛，而這隻蝴蝶振動著牠的翅膀，直直地飛向一個特定的地方……，就是你父母親的故鄉。也許那就在不遠的地方，你的心神隨著蝴蝶越過了一些山、一些河，而走到了這個特別的地方。這是父（母）親的故鄉，也許那是個城鎮，也許那是個海港，也許那是個鄉村，在這裡你的父（母）親度過他童年的歲月……，你的心神跟你心靈中的蝴蝶一起冉冉下降，慢慢地落在地上，你留意到此刻你置身於一個怎樣的空間……，這裡冷嗎？還是非常炎熱？這裡光亮嗎？還是有一些黯淡？你會聞到這個地方有什麼特殊的氣味？……耳邊有十分吵雜的聲音，還是十分安靜？……這是父（母）親的故鄉……，你將會看見一個小男（女）孩，那是童年時的父（母）親……。在許多年以後，他會長大，成為你的父（母）親……，你的眼前慢慢地看到一個小男（女）孩，屬於某一個特定的年齡，你漸漸地看清楚他的輪廓、他的五官，他是一個怎樣的小男（女）孩……，你慢慢地靠近他，准許自己可以接近他，你會定神看看他身上穿著怎樣的衣服，他的腳底下可有一雙鞋？……身邊的人怎樣對待他？……在這一個年齡的男（女）孩的心裡，什麼是他的夢想？什麼是他所盼望的？在這個環境裡面，他學到了什麼？他都用怎樣的方式度過這裡的壓力和期望？倘若生活中有他所害怕的，那會是什麼？……倘若生活中有令他快樂的，那會是什麼？……用你心靈的眼睛，靜靜地看著這個孩子，用你的心靈靠近這個孩子的心，你知道在許多年以後他會離開這個地方，長大，學做一

個男（女）人，成為你的父（母）親……。留意此刻你心中的感覺是什麼？當你接近這個孩子的時候，找一兩句你想對他說的話……，在你心裡輕輕地告訴他……。留意當你用你心靈的手握著他的手時，你的感覺是什麼？……你想對他說什麼？當你握著他的手的時候，你會試著去體會在這個環境中他經驗了什麼？……而在他的生命旅途當中，他學習到用怎樣的方式去快樂、去承擔、去思考、去愛……，在這個環境裡面，誰給過他最大的溫暖……、誰給過他最大的壓力……，當他瞻想未來時，他可曾想過有一天將成為一個丈夫（妻子）和父（母）親……。你要準備離開這個地方了，在離開之前，你會再度留意周遭的環境，和這個孩子的處境，你會默默地告訴自己：我會再回來的，會再回到父（母）親的故鄉，來探望這個還沒有成年以前的孩子。倘若下一次當你來的時候，你可以帶一個禮物送給這個孩子，你會願意帶一個怎樣的禮物送給他，把這樣的念頭默默地存在心中，你準備跟這個孩子說再見了……，你的心神將隨著在一邊等待你的蝴蝶飛回，飛回到我們當中來。」

雖然在認知的層次上，我們都「知道」父母也曾經是孩子，但是卻無法經驗到這事實，透過幻遊的帶領，當事人進入並非父母真實的故鄉，而是在潛意識中心靈最深處的根源。

在幻遊的活動中，當事人往往可以碰觸到對父母的心疼和憐惜——當他們只不過是個孩子。而在心理上把父母全能的形象慢慢地轉變。對於某些人來說，這是一種失落的經驗，開始意識到自己的長大，更需負自己人生的責任。

內在的小孩

其實不管年齡有多大，在我們內心深處永遠住了一個孩子，就像任何一位成長中的個體一樣，這個孩子需要生機，需要安全，需要關懷。然而我們內在孩子的發展常常停滯在受到創傷的階段，縱使外觀已經茁壯，內心深處依然深藏著痛苦，像是頑固的舊疾纏身，每當外在壓力加大時，內在的小孩便隱隱作痛。

有人內心藏著的是一個「被忽略的小孩」，在最需要照顧的年歲中，失去應有的權利，永遠懷著一份渴望，也永遠帶著極大的不安，走在人生的軌道上，經常性的空虛感，令自己茫然不知所措。害怕獨處，又擔心造成別人心頭的負擔，對他人有份不切實際的期望，也有份過於偏激的失望，使自己的心情，不斷地在兩極的矛盾中擺動。

有人內心藏著的是一個「被拒絕的小孩」，似乎最自發的需求，會帶給他人極大的負擔，在罪惡與委屈的雙重情結下，毅然決定自己從此不再需求，只要否定自己擁有需要，就永遠不會感到痛苦，咬著牙，用雙腳走入自己的人生，當自己的心門封閉後，雖有份孤寂，卻不再受創。

有人內心藏著的是一個「被過分要求的小孩」，在自己的人生旅程，前方永遠有一個無法達成的目標，提醒著自己有多糟，不管自己做了多少的努力，還是擺脫不了低自我價值的心境，強迫性的求全個性，造成本身及他人極大的壓力。

有人內心藏著的是一個「被虐待的小孩」，扭曲了自己，也扭曲了人生。

有人內心藏著的是一個「被溺愛的小孩」，永遠需索無度，難填心中的空虛。

有人內心藏著的是一個「被利用的小孩」，早就喪失童年的天真，而在壯年時即已燈油耗盡。

而這些人可能成為我們的父母親，當他們還是一個受傷的孩子，卻被賦予天職，帶領一些孩子們成長，有些父母也藉著帶孩子的過程成長了許多，尤其是那些勇於走出自己人生的路，生氣勃勃的孩子，給了父母極大的挑戰，同時開始認真的去認識這孩子，也發現自己內在的孩子。相反的，那些對父母缺乏信心的孩子，深怕父母受傷而刻意地加以保護，凡事順從，父母安然地照「規矩」過了一生，卻無法成長。

家庭重塑的過程，能使我們在認識了父母內在的孩子後，開始思考成長的責任，選擇自己的人生。

當家庭關係圖、出生冥想、父母童年幻遊的活動完成後，一個重塑的團體，已經開始浸淫在時空的移轉中，對自己的根有強烈的探索慾，而此時正是遴選探索者的最佳時機了。

家族歷史與心理治療

珊如算得上是個漂亮的女孩子，兩個大眼睛骨碌碌地轉，透出靈慧的眼神，在團體活動中不時看到她濕潤的眼睛，知道她有易感的心情。踏出校園以後，珊如已經開始在自己的專業領域裡發展自己，滿懷信心也贏得同道的許多讚賞。她短小精幹，嘴角透露著堅毅，甚至帶著幾分倔強，她的身邊早已有相知多年的男友，即將步入結婚禮堂，然而在距離婚禮只有三兩個月的時間，她的心中卻激烈地響起了打退堂鼓的聲音。她發現自己心中有一種莫以名之的恐懼感，對於即將為人妻，即將離開父母，她有極大的抗拒及不願，她小心地檢查自己「可是與尚哲之間有了什麼問題？」然而她很肯定自己與尚哲之間這三、四年來相互扶持的路及深入的交談，她知道問題並不出在他們之間的愛情上，於是她更深入到自己成長的過程中去一探究竟。

珊如有一個非常愛他的爸爸，爸爸對孩子的要求相當嚴格，她是五個兄弟姊妹中最有機會跟爸爸接觸，也是爸爸出門最願意帶著的孩子。她用很幽默的方式說：「我爸爸是商人，如果他有交際應酬的話，他通常不會帶我媽媽去，而帶我去。比如說參加同事的婚禮、同事請客，或者去長輩家裡。」

導引者：「你們家有五個兄弟姊妹，何以爸爸會先挑妳呢？」

珊如：「因為我最能吃。」

導引者：「還可能有第二個理由嗎？」

珊如：「因為那個都要包紅包，為了顧及經濟效益所以他們要挑選我，因為我平常都會挑選最貴的菜吃。」

▢ 陳年往事的追憶

　　但是爸爸常給珊如一個不快樂的感覺。她描述小時候孩子們都對爸爸充滿敬畏，每當聽到爸爸的摩托車聲音靠近時，幾個孩子便會跳起來收拾房間，躲回自己的書桌前以免受到處罰。爸爸對媽媽有時會露出不滿、不屑和忌妒的態度。珊如說：「我媽媽很聰明，爸爸有點忌妒她。」

導引者：「媽媽是怎麼個聰明法？」

珊　如：「媽媽不需要用功念書就可以考班上第一名，聯考的時候她只要帶一支筆就可以上考場了，而且都考得上。我認為爸爸可能有點忌妒媽媽的聰明，但是爸爸又不屑媽媽。他不屑媽媽沒有把她的聰明施展出來。」

導引者：「爸爸會怎麼說她呢？」

珊　如：「國小老師，窮酸匠的工作，跟我們做生意的人不一樣。」

導引者：「聽起來爸爸對媽媽的感受還滿複雜的。」

珊　如：「而且我媽媽的感覺很遲鈍，跟人滿疏遠的。雖然她讀書很聰明，但是情感的反應非常遲鈍，所以當爸爸拉開嗓門罵人時，媽媽對他又是生氣又是討好又是憐惜的。爸爸很會挑剔，嫌媽媽煮菜煮得不好吃，為這個問題已經吵了很多年，甚至於當我們的面打她，但是媽媽一直憐惜爸爸從小環境不好，又缺乏母愛。」

　　在敘述父母之間的事情時，珊如的大眼睛裡閃著淚光，盯著掛在牆上的家庭圖看，像是在追溯記憶中的往事，也透露出對爸爸媽媽的疼惜。

手足之間

導引者：「告訴我一些你們家兄弟姊妹之間的故事好嗎？」

珊如：「我們家兄弟姊妹滿競爭的，從小出去人家就會問你是考第幾名的。以前在我們鎮上，學校裡座號都是按照成績排的，如果五十六號，就表示是第五十六名，所以我們的座號每一學期換一次，代表著你的名次。我妹妹是一號，我姊姊是三號。」

（觀眾大笑）

導引者：「妳呢？」

珊如：「我通常是三十幾號。」

導引者：「有那麼優秀的姊妹給妳的感覺是什麼？」

珊如：「我覺得妹妹給我的威脅比較大，因為妹妹跟我只差兩歲，我們都穿同樣的衣服，學同樣的東西。在學習的過程中剛開始我都會贏她，但是過了一段時間，我就一定會被她迎頭趕上。奶奶每次都說我笨，要我多跟妹妹學學，他們都說我為什麼學得那麼慢。」

導引者：「天底下最倒楣的就是有一個優秀的手足，而妳有兩個。我想當你們家的小孩，壓力不小，父母對你們的期望也很高。珊如，妳是怎樣達成這些期望的？」

珊如：「小時候，我覺得我永遠都沒有辦法達到他們的期望，那時候，我會花很多的時間和朋友在一起，對於朋友喜不喜歡我很敏感，很在意。國中以後，我就發現在我們家生存的方法有兩種：一種就是順從，另外一種就是優秀。」

導引者：「在你們家裡有誰是不乖順而可以生存的？」

珊如想了一下說：「我的小弟就不乖，而我的大姊有時也會歇斯底里，莫名其妙地發脾氣，我從小跟她睡在同一個房間，她發起脾氣來就會尖聲大叫。」

導引者：「那給妳的感覺是？」

珊如：「我只有躲開她。」

導引者：「當他發脾氣時家人的反應呢？」

珊如：「我媽媽叫我要讓她。」

導引者：「而你用什麼方法在這個家庭裡得到你想要的？」

珊如：「小時候我常常會跟我媽頂嘴，我覺得我要的東西她常不肯給我。」

導引者：「所以妳敢在口頭上頂撞她。」

珊如：「對。但是我很怕她會叫我的老師修理我，因為我媽媽也在教書，我的老師都是她的好朋友。」

（觀眾發出嘆息的聲音）

珊如：「上高中以後我就學會了用優秀的方式來生存，那時我的成績相當好，而我也變得不聽話。」

導引者：「你怎樣不聽話？」

珊如：「我是屬馬的，我媽媽常說我是一匹野馬。她常在中午時分拿棒子把我從外面追回來，她不喜歡我在外面交很多朋友。」

導引者：「她會打人？」

珊如：「她會打人而且還會拉著我的頭往牆壁上撞。」

導引者：「爸爸知道嗎？」

珊如：「爸爸不知道。」

導引者：「什麼使你沒有去告訴爸爸？」

珊如：「爸爸太忙了。」

導引者：「你猜如果你讓爸爸知道了，結果可能是什麼？」

珊如：「如果爸爸知道了，他會罵我媽媽，而媽媽會對我們更嚴厲。」

導引者：「所以你們很聰明沒有去告訴爸爸。在你們五個孩子中誰承受這種痛苦最多？」

珊如：「是我。」

珊如：「我弟弟小時候非常可愛，可是他愛打電動玩具，也常會做錯事被爸爸打。由於我爸爸標榜男女平等，所以每次打他都打得比較多一點，弟弟覺得他很倒楣。」

導引者：「男女平等，他還打多一點。」

導引者：「難怪這年頭男生要抗議。爸爸對妳怎麼樣？」

珊如：「我覺得爸爸對我很好，他曾經是我在這個家裡的希望，我一直很景仰他，一直到兩三年前，這個希望才破滅。」

導引者：「這個希望是怎麼破滅的？」

珊如：「因為我發現我爸爸只愛他自己，可是到最後我發現他連他自己都不愛了。」

（珊如哭了起來）

不快樂的父親

導引者：「妳怎麼發現這個？」

珊如：「我發現他很不快樂，我發現他嘴巴講出來的都是不好的，我發現他很孤單。」

導引者：「這給妳的感覺是什麼？」

珊如：「不想靠近他。」

導引者：「珊如，我們從爸爸的家庭來看看他怎麼會這樣的不快樂？跟我們說說爸爸的家好嗎？」

珊如：「爸爸在這個家排行老二，他有一個哥哥、一個妹妹、一個弟弟，祖母很厲害，稱之為凶悍絕不為過，祖父很懦弱無能。」

導引者：「這懦弱無能指的是？他怎麼樣懦弱無能？」

珊如：「他沒有辦法賺錢，我常聽我爸爸說，我奶奶都會這樣子指著他的頭罵他。」

導引者：「而他會承受。」

珊如：「對。」

導引者：「所以奶奶對爺爺有很多的指責，而爺爺對奶奶怎麼樣？」

珊如：「討好。」

導引者：「奶奶對爸爸呢？」

珊如：「冷漠。」

導引者：「冷漠的！爸爸對奶奶呢？」

珊如：「怨恨而不敢表達。」

導引者：「敢怒不敢言，他對他父親呢？」

珊如：「生氣，氣他的不負責任，氣他沒有眼光，作了錯誤的投資，把家裡搞成這樣貧窮。」

珊如：「所以爸爸在這個家常常很不高興，他不高興他的父親，也不高興他的母親。奶奶太能幹了，不是能力上的能幹而是嘴巴上的能幹。我聽過奶奶用很多難聽的話罵過媽媽，而媽媽也用那些話來罵我。」

珊如：「那個髒話是我奶奶罵我媽媽的，因為媽媽家是受過教育，

不會說那種話。」

導引者：「所以妳相信是媽媽從奶奶那裡學來的，妳怎麼知道這
　　　　個？是媽媽告訴妳的嗎？」

珊如：「對，她說這是當年奶奶罵她的話，她只是讓我們見識一
　　　下。」

導引者：「她很想讓妳們知道她承受的難過是多難過？被那些字眼
　　　　罵一定是很痛苦的事情。這讓妳經驗到些什麼？」

珊如：「我想到我媽媽罵我們的狀況。」

導引者：「我認為妳不想聽。」

珊如：「而我也不希望我媽媽講我奶奶罵她的事，聽姑姑說我奶奶
　　　很喜歡我。」

導引者：「這讓妳很混亂。」

珊如：「我不想聽，我就是不想聽我媽媽說那種話。」

導引者：「妳躲得掉嗎？」

珊如：「我覺得我好像要把我的耳朵搗起來，不要去感覺。」

導引者：「你至少可以這樣做。」

家族歷史與心理治療

珊如：「爺爺是曾祖父的小老婆所生的兒子，他生性懦弱，奶奶卻十分強悍。」

　　導引者按著珊如的說明將爺爺、奶奶的角色扮演者雕塑出他們之間的關係。

導引者：「他們之間婚姻的基本型態是這樣的。爾後，那個負責而又吃苦耐勞的大伯父來了，這個兒子是怎樣參與這個家庭的？他的位置在哪裡？」

珊如：「我的伯父是在爺爺奶奶中間，他做很多事，身體還要擋著他們不要吵架。」

導引者：「妳做一下大伯父的姿勢好嗎？」

　　導引者按照珊如的示範將大伯父也參與了爺爺奶奶的雕塑。（圖1）

奶奶：「還不快去做事，沒有用的男人，你沒有收入家裡的開銷要怎麼辦？我這麼歹命，嫁給一個只會在家裡晃來晃去的老公。」

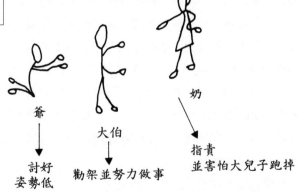

圖1　爺、奶、大伯三人之間

導引者問大伯：「在這個位置上聽到這些聲音，你會期望自己些什麼？」

大伯：「我想我爸爸既然這麼沒有用，我必須趕快長大，把所有的事情扛起來。」

導引者回頭問珊如：「妳想是這樣子的嗎？大伯越來越負責、有魄力和能吃苦耐勞，只因他的父親沒有魄力。」珊如點點頭。

導引者問爺爺：「你有這樣的兒子，你的心情是？」

爺爺：「都是因為我沒有用才讓我的兒子這麼辛苦，我覺得他都是在替我做，我的心裡很難過。」

導引者問珊如：「妳相信爺爺對大伯有這樣的心情嗎？」

珊如：「爺爺的內心裡應該是這樣的。」

導引者：「爺爺一定沒有表達出來。」

珊如：「是的。」

導引者：「也許就是仗著這個孩子的力量，這個家才能支撐下去。在家裡如果有一個成員功能很強，就會有一個成員功能很弱；如果有一個成員完全失去功能，就會有一個成員來取代他的功能，而大伯在這個家裡像一個超功能的孩子，在這個系統裡真正父親的角色在他身上，他像是這個家裡的小爸爸。」

導引者問雕塑中的奶奶：「妳的感覺怎樣？」

奶奶：「我身為一個女人，我希望有一個可以依靠的肩膀，我不希望承擔過重的責任，可是我先生……，我還得負擔他的責任，幸好有一個孩子來分擔，可是他好像比較向著爸爸，我有一點孤單，讓我很生氣。」

導引者：「難怪妳有那麼多生不完的氣。」

珊如在旁補充：「我覺得奶奶的一隻手指著他，另外一隻手又壓著

　　家族歷史與心理治療

大伯怕他跑開。」

導引者:「似乎她很需要他。」

珊如:「對。」

導引者:「有很多凶悍的人心裡是很孤單的。她越凶悍也就越孤單。珊如,爸爸是在這個情況下來到這個家庭的。」

導引者對珊如說:「走到面前說,妳來扮演爸爸,想像在這種情況下爸爸會用怎樣的方式來參與?這是他的父親、母親和哥哥。」

珊如;「我會躲在哥哥旁邊靠著哥哥。」

導引者對珊如說:「妳來扮演爸爸,加入這個家庭系統吧!」珊如扮演爸爸蹲在大伯的旁邊。

導引者:「體驗一下,這是爸爸待過的地方,他可能在這個地方度過他早期的歲月,他竟然有一個肩膀可以依靠。」

爸爸(珊如飾)對大伯說:「我欠你好多都還不完。」

大伯:「你是我最親愛的弟弟,我願意給你這麼多。你趕快去念書,家裡有一個人把書念好就好了,家裡的事由我來承擔吧。」

爸爸(珊如飾)想起大伯後來操勞而死,開始激動地說:「哥,為什麼你不多等三個月,就只有三個月,你為什麼要死呢?為什麼你不多等三個月?」

導引者:「如果他多等三個月,他可以等到什麼?」

爸爸(珊如飾):「我就畢業可以工作,你就不用那麼累把我養大,而累死了。」

導引者:「倘若他能多活一些時日,你真想怎樣對他?」

爸爸(珊如飾):「我會做很多事情,不讓你累死,我覺得你是累

死的，你是累死的。」

導引者：「你猜他為什麼累死？」

爸爸（珊如飾）：「他都被爸爸媽媽折磨，他是為了我。」

導引者：「他是為了這個家累死的，而你也是家裡的一份子。」

爸爸（珊如飾）：「如果我不念書就好了。」

導引者：「你再說這句話好嗎？要是不念書的話……。」

爸爸（珊如飾）：「要是我不念書的話，你就不會那麼早死了。」

大伯：「可是我們家裡那麼窮，如果不念書，會一輩子被人看不起，我的希望就在你身上。」

爸爸（珊如飾）：「你不要死，你要死，我要為你做一點事情。」

爸爸（珊如飾）：「我還讓你去當他們的實驗品，當你得血癌我沒辦法幫你做什麼事情，還把你賣給他們當實驗品。」

導引者：「這話怎講？」

爸爸（珊如飾）：「因為我沒有錢買藥，你得了血癌每天要換血，我沒有辦法，我只好讓醫院用實驗中的藥物免費治療，讓他們作實驗。是我作的決定，我好難過，哥我沒有辦法，我沒有辦法，我好難過。」（大哭）

導引者：「你對哥哥是那麼地虧欠。」

爸爸（珊如飾）：「我好虧欠。」

大伯：「當時如果你不這麼做，你還有什麼辦法嗎？告訴我你有什麼辦法？」

爸爸（珊如飾）：「我沒有辦法，我沒有辦法？」

大伯：「我很願意做那些事情的。」

爸爸（珊如飾）：「我們為什麼那麼窮？我們為什麼那麼窮？我們為什麼那麼窮？沒有醫藥費，我們為什麼那麼窮，討厭，我們

為什麼那麼窮啊！」

導引者：「如果有錢你就可以做什麼？」

爸爸（珊如飾）：「至少你就不會死了，不會死了。」

導引者：「這年你才二十歲，你體會了錢對這個家，對這個生命的重要，如果此時你有一個願望，對你未來人生的話，那會是什麼？」

爸爸（珊如飾）：「我要賺很多錢。」

導引者：「再說一次好嗎？」

爸爸（珊如飾）：「我要賺很多的錢，而且我要把錢放在爸爸的面前，用錢揮他們。」

導引者：「你是一個憤怒的孩子，你是一個憤怒的年輕人。帶著你的憤怒，此刻你有什麼話要對你父親說？」

爸爸（珊如飾）對爺爺說：「你這個笨蛋，要不是你那麼懦弱的話，哥哥就不會死了。」

導引者：「對媽媽你有什麼話想說？」

爸爸（珊如飾）對奶奶說：「妳的眼睛裡只有錢錢錢！」

奶奶對爺爺說：「你這個男人這麼沒有用，你看你的兒子為什麼死呢？就是因為你只會在那裡白吃飯不做事。」

爸爸（珊如飾）吼向奶奶說：「還不都是妳害的。」

導引者：「這是爸爸年輕時憤怒的地方，他是在這個憤怒的地方長大的，那一年他二十五歲，比我們今天在座的許多人都還要年輕。」

導引者：「爸爸，在這個位置上，你學習到什麼？」

爸爸（珊如飾）：「我要從早到晚不停地工作，結交很多有錢人，凡是成就比我低的我就不跟他們交往。在我的世界裡如果不上

進的話就會被淘汰，如果沒有錢的話，日子是悲慘的。」

導引者：「我們來聽聽扮演爺爺、奶奶的朋友。在他的位置上經驗了什麼，好嗎？」

爺爺：「我覺得很愧疚，好像這一切都是我害的，我害死了我的兒子，因為我沒有能力養這個家，我覺得很虧欠、很難過，從頭到尾我都是被人壓制的，我好像沒有做對過一件事。」

奶奶：「其實我很疼、很愛我的兒子，造成這一切的原因都是因為他爸爸沒有用，我為我的兒子感到難過，我也很生氣。」

導引者問珊如：「妳相信嗎？這些可能是爺爺、奶奶的心情。」

珊如點點頭，接著說：「我知道我的父親非常愛大伯，他是我唯一沒有聽到爸爸批評、抱怨過的人。」

導引者：「妳怎麼知道爸爸那樣愛他的哥哥？」

珊如：「每年清明節的時候，爸爸會帶我們到大伯那裡掃墓，並會準備一顆梨子給我大伯，因為大伯在得血癌過世之前，一直說要吃梨子。可是當時太窮了買不起，現在每一年清明掃墓節的時候，爸爸都準備梨子給他吃。」

導引者：「爸爸說大伯很負責，吃苦耐勞。」

珊如：「爸爸曾說他們小時候得去田裡工作，大伯會對我爸爸說：『你那麼累，坐到手推車裡，我來推你，兩兄弟不能沒有人念書，我不要念給你念好了。』」

導引者：「這個哥哥是這麼愛他的弟弟。」

導引者：「大伯是在幾歲的時候得血癌去世的？」

珊如：「我不太清楚，大約是在二十六、七歲，還沒有結婚呢！」

導引者：「所以爸爸在二十多歲時就失去了這個受他敬愛，而且真心愛護他的哥哥，我想這對他來說是個很大的打擊。」

珊如點頭：「他所喜歡的人不在了。」

導引者：「爺爺去世得早嗎？」

珊如：「爺爺很高壽，在我上大學以後才去世。」

導引者：「爸爸還有其他的弟弟妹妹嗎？」

珊如：「他很少提起他的妹妹，他們之間很疏遠。我爸爸瞧不起他們，因為他們不上進，爸爸是大學畢業。」

導引者：「他的小弟呢？」

珊如：「我的小叔跟爸爸一樣上進，爸爸也用大伯對他的方式對他的弟弟，他們相差十歲之多。」

導引者按照珊如的敘述把父系家庭的成員一一加入了雕塑，疏遠的姑姑、被照顧的小叔。

導引者對珊如說：「來，看一下這個家的全貌，是爸爸生長的環境，他在這裡學到了一生安身立命之道，以及人生的原則。在這個家裡有一個年輕的生命走了，卻有另外一個有力的生命成長起來。珊如，看看爸爸他的環境，有什麼是您想對他說的？」

珊如：「我覺得現在我比較能夠理解爸爸的意志力為什麼那麼堅強，他有一雙犀利的眼睛，他選擇交往的朋友，他知道怎樣去鑽營怎樣去投資，現在我也懂得爸爸那股彷彿對全世界都不滿的怒火是從哪裡來的了。」

導引者：「珊如，爸爸是那麼想力爭上游，對他來說，這樣子才是生存之道，他要很努力才能站到高處那個位置上去，妳來披上這塊象徵憤怒的紅布，並飾演爸爸，站到高處去，站得高而挺。這不是件快樂的事，是這個環境使妳站到這個位置，看到眼底下的這一切，生的、死的、老的、依靠妳的，經驗一下，

在爸爸二十五歲以後，人生的起點是在這個位置上。（音樂）
年輕人，看看你的這個世界，看看外面的世界。」

爸爸（珊如飾）：「我好想我的哥哥哦！我好寂寞，（哭泣）哥
哥，哥哥，我覺得我好想你，我覺得我好孤單。」

導引者：「你想對他說什麼？」

爸爸（珊如飾）：「我不要那樣子長大，我不要長大，我不要長
大。我好怕……」

導引者：「那是哥哥留給你的。」

爸爸（珊如飾）：「我好怕，哥哥，我好害怕。」

導引者：「你曾經把你的恐懼告訴過誰？也許你只能在夢裡，告訴
你那唯一可以傾訴而又死去的哥哥。」

爸爸（珊如飾）：「（哭著蹲了下來）我什麼都沒有了，我什麼都
沒有了，我好難過，我好生氣，我好生氣哦！」

（圖2）分左右二邊，左立右蹲。

導引者：「原來在大紅布下的憤怒，和在這樣強烈的上進心下，藏
著你如此深的悲傷、痛苦……，是嗎？」

爸爸（珊如飾）：「對！」

導引者：「爸爸，憤怒是你表達給世界看的，別人看到的你只有這
些，可是你的二女兒懂得在你內心深處有個哭泣的小男孩，你
哭了好多年，一點聲音都沒有，一直到你的女兒為你哭出聲音
來。」

爸爸（珊如飾）：「我不要我的女兒離開我，我不要她離開我。」

導引者：「你的女兒要離開對你來講感覺是什麼？是怎麼樣的一個
事件？」

爸爸（珊如飾）：「我覺得只有我的女兒和我的兒子了解，只是現

在我要少一個了，我好害怕。」

導引者：「曾經有一個了解你的人，在你二十五歲的時候就離開了，那是你的兄長，現在在你五十七歲的時候，有另外一個可怕的事情要發生了，那個很了解你的女兒要離開了，是嗎？」

爸爸（珊如飾）：（默默點頭）

導引者：「珊如，記住妳在這個姿勢裡的感覺，那是爸爸心裡面蹲著的小男孩，我想在這個世界上沒有人看到過他的苦痛，而妳用妳的身體在經歷，妳是一個多好的女兒啊！」

珊如：「可是我要出嫁了。」

導引者：「這是另外一個問題，明天我們繼續探討。幸好妳是出嫁，還可以回娘家。」

圖2　父立桌上→蹲桌上

母系家庭探索

導引者：「這是另外一個家，在另外一個地方，是哪裡？」

珊如：「台南。」

導引者：「這個家的生計是什麼？」

珊如：「他們有很多的田產，在三七五減租以前，他們的生活非常地富裕，三七五減租以後土地都被收回去，外公就守成過了許多年，因此我的母親經過了富裕到小康，再到財務有困難的家庭生活，整個家族的經濟狀況是由高處往下滑落的。聽說我外公的父親是個大善人，慷慨好施，對他的佃農非常好，很有聲望，不過他有兩個老婆。」

導引者：「那時大家都娶兩個，現代人只能娶一個。」（觀眾笑）

導引者：「在外公、外婆之間的關係怎麼樣？妳說外公是壞脾氣嗎？你怎麼知道外公的脾氣不好？」

珊如：「從外公的表情就可以看得出來，還有外婆也跟我講過。而外婆對外公非常地討好，雖然她心裡生氣，但是她還是會討好外公，只是外婆常會跟我們告狀，就是抱怨的意思。外婆常常跟我們說，嫁老公要看清楚，不要嫁外公那一型的，家產都被他弄光了。」

導引者：「外公在外婆面前的姿勢是？」

珊如：「耀武揚威，他很閒，不用做什麼事，平常看看報，沒事做就去散散步。」

導引者：「他知道如何享受生活，如何放鬆。」

珊如：「對。」

導引者：「我們把他演出來吧，看看是這樣的嗎？」

導引者：「有多少人羨慕這種生活？」

珊如：「很多人羨慕。」

導引者：「珊如，妳是不是能擺一個他在他太太面前的姿勢呢？」

外公：「我可不可以用嘴說？」

導引者：「可以，可以。」

外公：「老婆，我回來了，拖鞋啊！拖鞋啊！」

外婆：「拖鞋，伺候拖鞋。」

外公：「幾點了？飯做好了沒有，我肚子餓了。」

外婆：「來了，來了。」

外公：「等多久了，餓死了。」

外婆：「要上菜了！再二分鐘就好了。」

珊如：「我外公就生氣了。」

導引者：「等二分鐘就生氣啦！」

外公：「都幾點了，一個女人怎麼持家的，吃飯時間還要叫才有飯吃啊！」

外婆：「怕菜冷了啊！」

外公：「又沒工作，妳不會算準一點嗎？老公幾點回來會不知道？又不是有工作。」

外婆：「不是啦！我是想吃熱菜才好啊！」

外公：「好了，好了，不用說了，吃飯啦！唉！菜怎麼這麼鹹？」

外婆：「我忘記了，多放了一點鹽。」

外公：「妳有沒有用心啊！妳是不是不愛做給我吃？還是想鹹死我？」

外婆：「我已經嚐了，後來忘記了又再加一次，對不起啦！」

外公：「妳是不是想我死啊？是不是？」

外婆：「不是啦！我是想你回來，要好好的做飯菜給你吃，那一定要熱的才好吃。」

導引者：「（面向外婆）說實在的，跟這樣的一個男人過日子是什麼感覺？」

外婆：「好難受哦！」

珊如：「外公會罵人，罵完以後就開始生悶氣，外婆就會很難過。外公最厲害的地方就是他那一張『酷』的臉，不講話，就靜靜地看著大家。」

導引者：「對妳相當指責，對太太充滿很多的期望，而對自己的期望不太多。」

珊如：「外公曾經是一個很成功的醫生，然而跌傷了手以後就很少去看病人，我外婆總說他是好吃懶做。」

導引者將外公、外婆的角色扮演者雕塑起來。

導引者說：「外公在這個家的地位相當高，他是耀武揚威的，外婆的心中雖然相當生氣，但是她是個討好型的人。」

導引者問外公：「站在這裡的感覺怎樣？」（圖3）

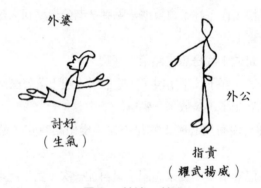

外婆

討好
（生氣）

外公

指責
（耀武揚威）

圖3　外婆、外公

外公：「我覺得她滿可憐的，但是我自己也受不了。」

導引者：「當你受不了的時候，你想做什麼？」

外公：「我就是想要凶她啊，我不凶她我沒有地方可以發洩我的情

緒，我的手也跌斷了，不能好好地去做醫生，我這一輩子的才華都不能發揮了，我不對自己的女人發洩的話，我找誰來發洩呢？」

導引者問珊如：「妳猜外公會有這樣的心情嗎？」

珊如：「我覺得我的外公滿苦悶的，他以前生活很好，可是受傷以後，一生不太得志，我記得外公曾對我說：人活著幹嘛！活到這把年紀了，沒有什麼價值，……」

導引者：「他是凶而鬱悶的？閒散的生活並不能讓他覺得充實？」

珊如：「對！」

導引者：「這是他們關係的一個基本的模式的話，媽媽這個時候就來了。那個能幹的大姊，她會站在哪裡？」

珊如：「遠遠的，她不想靠近他們任何一個人，她在中間，好像……做她自己的事。」

導引者：「忙她自己的事情，偶爾也會回過頭看他們一眼，繼續悶頭做她的事。（轉向媽媽）說說妳的心情，媽媽！」

媽媽：「我覺得我不會喜歡這樣的家庭。」

導引者：「珊如，妳來當媽媽吧！體驗媽媽在這個家中的位置。」

媽媽（珊如飾）：「我覺得我媽媽好可憐。」

導引者：「妳喜歡她嗎？」

媽媽（珊如飾）：「不喜歡。」

導引者：「妳同情她但你不喜歡她？」

媽媽（珊如飾）：「對。」

導引者：「外公呢？」

媽媽（珊如飾）：「我也不喜歡，我想離他遠一點。」

導引者：「外婆對媽媽的期望是什麼？」（導引者請珊如站到外婆

（的身後去說）

外婆（珊如站背後）：「我希望我的女兒能為我們家帶來一點歡樂，能夠化解我和我先生之間的冷漠，可是我覺得這個女兒很不貼心，她只想做她的事。」

導引者：「外婆，似乎妳的女兒並沒有達到妳的期望。外公呢，外公對妳的女兒有什麼期望？」

外公（珊如站背後）：「我這一生都很落魄，我希望我的女兒多念一點書，我很喜歡我的女兒。」

導引者：「珊如，來，妳再來當一下媽媽吧！站在這個位置上聽一聽外公、外婆的期望。」

外婆：「我希望妳靠近我一點，幫幫我們的忙。」

外公：「妳要好好念書啊。」

導引者：「媽媽，妳怎樣回答他們的期望呢？」

媽媽（珊如飾）：「沒有我的事，不要講給我聽，我覺得好討厭。」（她搗上了她的耳朵）（圖4）

父母：我們希望你做個貼心的女兒
母親：離我遠一些，否則我會有罪惡感，我做不到，也不想做

圖4　搗耳的母親

外婆：「妳是我唯一的期待，妳是我的女兒，妳聽到了嗎？」

媽媽（珊如飾）：「離我遠一點，妳這樣讓我覺得有罪惡感，不要講給我聽，我做不到妳要求的，我做不到，可是妳在我耳邊一直說，讓我覺得很抱歉。」

導引者：「媽媽妳會對他說抱歉的話嗎？」

媽媽（珊如飾）：「不會。」

導引者：「雖然妳摀上妳的耳朵，似乎妳的內心並不那麼平靜，妳聽得到來自爸爸的期望。」

外公：「女兒啊，我希望妳是個兒子，妳弟妹年紀還小，我跟妳媽媽沒辦法談心，我看到她氣就上來，我很希望跟妳多聊聊，了解我心中的苦，我希望我還是個有用的人，可是我的手斷了，耐性又不好，妳媽又不懂我，我希望妳多念點書，多爭點氣，只有放在腦子裡的東西才是真的財富，不會讓人家拿走。」

導引者：「媽媽，回答妳的父親。」

媽媽（珊如飾）：「我覺得他很囉嗦，我不想聽。」

導引者：「這是媽媽在家庭中的位置。媽媽還有弟妹嗎？」

珊如：「媽媽還有個弟弟，這個小弟不是很聽話，但是他是外公盼來的兒子，所以很被寵愛，他有他的靠山，在家裡過得很自在。另外還有一個二姨，她很自戀。但是外婆跟她比較接近，有什麼事情外婆比較敢去找她談。」

導引者：「似乎外婆跟二姨之間是心連著心的。」

珊如：「嗯，她們非常靠近，但是二姨也沒有辦法保護外婆不受到外公的責罵。」

導引者：「她只能靠近外婆，並不能保護外婆。」

珊如：「所以她們兩個一起去討好外公。再下面來了一個阿姨，這個阿姨長得非常漂亮，她也比較靠近外婆，一直被外婆疼愛，但是她的眼睛老是看著外面，她有許多的朋友，許多男生為了她打架。再下面還有一個頑皮的小弟，他是以頑劣出名的，為家裡製造很多的熱鬧。」

導引者：「所以這個家的每個孩子都似乎各具特色，頑皮的舅舅、漂亮的阿姨、自戀的阿姨，還有得寵的舅舅。媽媽好像火車頭，後面跟著四節車廂。」

珊如：「聽說他們四個都很怕媽媽，媽媽常有機會教訓他們。」

導引者：「似乎媽媽在這個家裡有一個榮耀光亮的位置，地位也高，權威也大，但是耳邊還是會聽到外公、外婆的爭吵，而且弟弟妹妹也會來吵吵大姊，看來真會讓妳心煩。」

　　在導引者的指導安排之下，珊如扮演媽媽站在一個椅子上，而所有母系扮演者圍繞著她說話，發出一堆吵雜的聲音。

外婆：「妳是我的大女兒，要多幫忙我啊！」

外公：「女兒，什麼都是假的，只有念書才是真的。」

大舅：「下來啦，這裡該是我的位置才對。」

二姨：「姊姊，教我功課，我都不會。」

三姨：「姊姊，陪我玩好不好。」

小舅：「姊姊，我可愛嗎？」

導引者問媽媽（珊如飾）：「媽媽，說說妳的感覺。」

媽媽（珊如飾）哭著說：「我要改變。」

導引者對媽媽（珊如飾）說：「媽媽，回頭看看妳的弟妹們，他們似乎跟妳用不同的方式生活。」

媽媽（珊如飾）：「我不想看他們。」

導引者：「什麼使妳不敢回頭看，若妳回頭看那個與妳母親在一起的妹妹，妳的感覺會是什麼？」

（圖5）外婆摟著兩個妹妹。

姊　母　妹

圖5　母近姊妹，主角在一邊看

媽媽（珊如飾）：「為什麼不是我呢？」

導引者：「妳再說一次，好嗎？」

媽媽（珊如飾）：「為什麼不是我呢？我不相信我的爸媽愛我。」

導引者：「妳找不到他們愛妳的證據。說說妳為什麼不相信。」

媽媽（珊如飾）：「妹妹可以不做任何事情就可以得到那樣的愛，可是我必須非常努力才能得到那樣的愛。」

導引者：「妳是用妳的努力和條件換來的。」

媽媽（珊如飾）：「對。」

導引者：「珊如，妳願意聽聽這些角色扮演者在他們的位置上體會到的感受嗎？」

外公：「其實我在這個家裡也很孤單，如果太太能夠分享的話，也許我的脾氣不會那麼大。」

外婆：「我的感受是我心愛的女兒並沒有真心地來服侍我，我把痛

苦隱藏在內心，我的大女兒竟然不願意回頭望我一眼，我很傷
　　心。」

導引者：「妳猜這可能是外婆的感覺嗎？」

珊　如：「可能是吧！可是當外婆在講這些話時，我站在這裡沒有辦
　　法聽進她的話，我很想跑掉。」

導引者：「那個想跑掉而不想聽的感覺或許也是媽媽曾經有過
　　的。」（珊如點頭）

導引者：「媽媽對外婆的耳朵也是關著的，似乎外公和外婆都在期
　　待著媽媽成為他們情緒上的伴侶，而媽媽在回答他們期望的時
　　候，把她的耳朵關起來，她並非把耳朵朝向一方，而是在面對
　　雙方的情緒時，關上了她的耳朵。」（珊如點頭）

二　姨：「其實我在這個家覺得很累，大姊不肯管爸媽的事，大哥也
　　不管，弟妹還小，沒有人體貼爸爸，我覺得我有責任要多體貼
　　他們。」

導引者：「妳猜這是二姨的感受嗎？」

珊　如：「我一直很喜歡二姨，她對人很體貼。」

導引者：「妳有什麼話想對她說嗎？」

珊　如：「有時候我真希望妳是我的媽媽。」

導引者：「如果妳真的有幸成為二姨的女兒，妳希望她帶給妳什
　　麼？」

珊　如：「妳不像我媽媽那麼冷漠，妳對小孩都很好，妳的排行是老
　　二，我覺得妳可以體諒我在家裡的感覺，妳也曾經告訴過我媽
　　媽要多關心我。」（珊如流著淚對阿姨說）

導引者：「想聽聽舅舅的感覺嗎？」

大　舅：「活該，誰教妳是女的，如果妳是男的就沒事了，我覺得妳

威脅到我，也覺得妳不喜歡我。」

導引者：「妳猜那是大舅的感覺嗎？」

珊如：「可能是吧。但是身為男孩和女孩又哪裡是自己可以決定的呢？」

小舅：「我覺得我在這個家使不上力，姊姊已經那麼棒都沒有辦法，所以我就調皮啊，玩啊，不在乎就沒事了。」

導引者：「妳猜這是小舅的感覺嗎？」

珊如：「這是我比較陌生的。」

導引者：「我們來聽聽媽媽的心情吧。」

（媽媽的角色扮演者說）

媽（輔）：「我覺得我滿累的，爸爸對我期望那麼高，希望我好好念書，我也照他的期望念了，那媽媽希望我成為她貼心的女兒，可是我不願意，當我看著妹妹和好命的弟弟，那麼舒服，那麼悠哉，好像不需要努力就可以得到父母親的寵愛，我覺得很不公平，其實我很希望，就是說，在她們旁邊很貼心的樣子，可是我又不甘願，不甘心降低地位去貼近媽媽，雖然她很希望我能去貼近她，可是我心裡就有種不甘願，我不情願這麼做，我要離她遠遠的。」

導引者：「妳猜這是媽媽的心情嗎？什麼使她疼那麼多的女兒，可是卻疏忽她的大女兒？這邊好像找不到東西來描述。」

珊如：「我媽脾氣滿古怪的，應該說是孤僻吧！」

導引者：「孤僻！她不太惹人疼，是不是？」

珊如：「她臉上很少有笑容。」

導引者：「她時常把自己封閉起來？」

珊如：「我媽媽的眼睛長在頭頂上。」

導引者：「她有點孤傲，是不是？」

導引者：「妳猜是什麼使媽媽在這個家要把自己隔離起來？」

珊如：「媽媽認為她的爸媽不疼愛她。因為我記得有一次，阿姨跟我們說到很多屬於我媽媽童年的事，她說，我媽媽出嫁的那一天，外公跟外婆躲在廚房後面哭。我媽媽說：『我不相信，我的爸爸媽媽不可能會因為我的離開傷心的。』」

導引者：「妳相信嗎？妳相信她告訴妳的是真的嗎？」

珊如：「嗯！」

導引者：「珊如，看著媽媽，這是她的家，以後她會遇到另外一個男人，而她大半的生命，是在這個家度過。」

珊如：「我終於了解為什麼妳老是沒有反應，像是個死人似的。」

導引者：「告訴媽媽，當妳看到媽媽像一個活死人的時候，妳的心裡在想什麼？」

珊如：「當妳像活死人的時候，我就必須照顧妳。」

導引者：「當妳照顧她的時候，妳得做一些什麼嗎？」

珊如：「我對妳很不滿，覺得妳滿懦弱的、滿無能的。」

導引者：「而妳期待些什麼？」

珊如：「當爸爸罵妳的時候，妳就跟他吵嘛！妳幹嘛讓他罵妳、打妳，我好難過。」

導引者：「進到婚姻生活以後，媽媽過著委屈的日子，而如果她沒有那麼軟弱，會帶給妳什麼？」

珊如：「至少妳可以多看我一眼啊！我覺得妳可以多愛我一點！」
雕塑完了母系的家庭，珊如很疲倦，但是她說：「現在，我比較了解媽媽了，我終於明白了為什麼她老是沒有反應，好像一個活死人一樣。」

第
十
二
章
回
到
童
年
的
家

在這一個長達四天的工作坊裡，珊如的工作分在兩天進行，經過了一夜安睡，第二天清早，珊如神清氣爽地出現在團體裡，淡淡地化了一些粧。

導引者問她：「珊如，昨晚睡得還好嗎？今天晚上我們再跟妳一起工作，妳準備好了嗎？」

珊如：「今天我很不願意再繼續探索我的家庭，我覺得非常害怕。」

導引者：「你明白妳害怕的是什麼嗎？」

珊如：「早上不是很想起床，起來面對今天可能要面對的東西。」

導引者：「妳猜，在今天的過程中妳會遇到什麼讓妳害怕的事？」

珊如：「我記得昨天有一幕，我特別感到害怕的就是導引者拿一個椅子，要我站上去體驗爸爸的感覺，我就格外地不想上去，因為我知道我站上去，我就不能用以前的方法去看我的父親，我就不能對他生氣，我就不能說一個理由好離開他。」

導引者：「原來讓妳離開他的理由就是……」

珊如：「我要對他生氣，這樣我才可以比較自由地離開他。」

導引者：「原來生氣是妳可以離開他的力量，倘若不生氣要離開他是很難的。」

珊如：「嗯！」

……

導引者：「今天早上要進到妳的原生家庭裡面，在妳的原生家庭成員當中，在此刻，哪一個最吸引妳？」

珊如：「有三個，一個是我爸爸，一個是我媽媽，另一個是我姊姊。」

導引者：「爸爸和他憤怒的袍子在這裡，而媽媽和她榮耀的袍子站在這邊。爸爸跟媽媽他們是怎麼認識的？」

珊如：「相親。」

導引者：「相親認識的，那年妳媽媽幾歲？」

珊如：「二十八歲。」

導引者：「那時候別人都會怎樣？在親戚朋友、街坊鄰居都會怎樣說這個女孩子？」

珊如：「很能夠幫忙家裡的經濟，滿能幹的。」

導引者：「嗯！」

珊如：「學生都很怕她，很尊敬她。」

導引者：「嗯！」

珊如：「出嫁的時候，一堆學生在後面追著跑，追著車子跑，一邊哭：『老師不要走。』」

導引者：「真的？」

珊如：「那些學生跟我講的。」

導引者：「她很受學生的喜歡和愛戴，雖然她很嚴厲。」

珊如：「對，她非常嚴厲。」

導引者：「她是一個好老師。是誰讓他們互相認識的？」

珊如：「媒人！」

導引者：「相親那一天，媽媽家的人通通都在嗎？」

珊如：「都在。我爸爸在那一天受到了一些屈辱。」

導引者：「他們憑什麼屈辱他？」

珊如：「他們不欣賞他，認為他太窮了，但是外婆又說她再不嫁，

底下的弟弟妹妹又怎樣辦，她不能擋在前面。因為以前的習俗，結婚需要按照次序來，所以他們還是決定了這一門親事。媽媽告訴我，在她結婚的那一天，她才第一次見到她的婆婆，媽媽說她嫁過去的第一天她就後悔了，如果先前曾有機會去看看她的婆婆的話，這個婚姻就不會存在了。」

在導引者的安排下，相親的場景出現了，扮演媒婆的角色拿著小手絹，唯妙唯肖的在家人之間穿針引線。在場地的一角，二姨、三姨、大舅、小舅幾個在一起交頭接耳：

「他怎麼那麼瘦。」

「長得怎麼樣啊？」

「挺寒酸的，大姊在我們家這麼跋扈，那人怎麼罩得住她。」

「我覺得大姊嫁給他太屈委了。」

「嫁也沒有關係，只要大姊看得順眼就可以了。」

在場地的另外一角，外公、外婆正在與媒婆交談。

外公的獨白：「這小子真自不量力，那麼窮也想來娶我的女兒，嫁給他不知道我的女兒會不會受苦？但是我的女兒年紀大了，將來找不到人嫁，可怎麼辦？難道要養她一輩子嗎？真傷腦筋！」

外婆的獨白：「我覺得男大當婚，女大當嫁，其他的女兒也都等著出嫁，如果她不早一點嫁，其他的孩子怎麼辦？」

導引者：「（面對珊如）他們都在那裡竊竊私語，而妳才是今天的女主角，妳的心情怎樣呢？」

媽媽（珊如飾）：「其實我的心裡也是七上八下，不知道這個人將來會不會對我好？」

導引者：「（詢問飾演爸爸的角色）你怎麼樣呢？你大概也風聞了人家小姐不是普通的，聽說是當老師的。」

爸爸：「當老師的好啊！可以賺錢，聽說是大姊，一定很會做家務
　　　事。」

　　在一群角色扮演者真真假假的戲劇當中，珊如父母相親的一景
就在眼前出現、進行了。

導引者問爸爸：「回頭看看那一家子的表情，他們的眼神似乎在嫌
　　　棄你的貧窮，說說你的感覺啊！爸爸。」

爸爸：「我一肚子火，我早就知道錢很重要，尤其是女人眼中看到
　　　的就是錢。但是他們怎麼沒有看到我的潛力呢？我未來的發展
　　　會很大的啊！」

導引者：「的確。你沒有錢，可是你有潛力，只是此刻你的潛力還
　　　沒有展現出來。」

導引者問媽媽：「媽媽，這是一個妳從來沒有見過面的男人，家人
　　　又都在討論妳的事，此刻妳的心情如何。」

媽媽（珊如飾）：「我覺得很有壓力，因為他們說我如果再不出
　　　嫁，弟弟妹妹都被我擋住了。」

導引者：「看看眼前這個男人，妳心中在想些什麼？」

媽媽（珊如飾）：「其實我並不是那麼不喜歡他，我覺得他看起來
　　　像是一個肯幹的男人，只是跟我還有一點距離，我在他的眉宇
　　　之間感覺到他的意志力，只是我有一個感覺，感覺到我不被這
　　　個家需要了，彷彿他們要把我趕出去。」（哭）

導引者：「妳曾經對他們有貢獻嗎？此刻妳有什麼話要對他們說
　　　的？」

媽媽（珊如飾）：「我覺得有些屈辱，年紀這麼大還沒有結婚，必
　　　須用這種方式推銷出去。在學生面前我是一個多麼有尊嚴的老
　　　師，而在這一刻，作為一個二十八歲的女孩子，我竟然要忍受

　　　　　　　　　　　　　　　　　　家族歷史與心理治療

這一切。」

導引者：「回頭看看爸爸媽媽，在這一刻妳想對他們說什麼？」

媽媽（珊如飾）：「（看著外婆）我看到我母親的為難，我也看到我的父親並不喜歡這個男孩，我真的不知道我應該怎麼樣才好？但此刻我突然有一個感覺，我想離開這個家，至少會有一個希望，我感覺他好像可以給我一些不同的東西，是這個家所沒有辦法給我的。」

披著榮耀色彩的媽媽在她原來的色彩上披上了新嫁娘的白紗，爸爸站在長長地毯的另一端。

導引者說：「媽媽，妳走上這一段長長的道路上吧。妳將離開這個家，在地毯的那一端有一個希望、一個憧憬、一個可能性，也許今後妳的人生會有一些不一樣，站在那裡的男人也許貧窮而削瘦，不過他深具潛力，好，慢慢地向那一頭走去吧！」

（音樂）

導引者：「在妳的身後有學生在追逐妳，妳知道他們有多愛妳和多怕妳；在妳的身後有妳的弟弟妹妹在看著妳，但是這一條路只有妳一個人走，他們追不上妳的車子，也沒有人能夠跟妳去。」

媽媽（珊如飾）：「我好害怕，我好孤單，不知道未來是怎樣的。」

導引者：「上路吧，人生的另一段要開始了。」

珊如在一旁看著披著嫁紗的母親，一步一步地走向站在地毯那一端的父親，她淚流不止地說：「媽媽我覺得妳好可憐，我猜妳看

到妳未來婆婆的時候，妳一定有一種被出賣的感覺，妳是一個好老師，卻要被安排到台南一個非常難處的媳婦位置上，妳好委屈，我為妳抱不平。」

導引者：「珊如，妳的父親和母親都各自在他們的家庭裡面，學習了很多重要的人生信念，而且還帶著它走進了他們的婚姻。」

爸爸：「人要成功就是要努力。女人啊，不用對她太客氣，他們會走過來的原因只是因為我們男人有能力，如果沒有能力可就要被欺負了。錢是重要的，沒有錢一切都靠不住。」

媽媽：「我要用功讀書，其他的事情我能不聽就不聽，能不煩就不煩，遲鈍一些也沒有什麼不好。」

導引者：「他們都帶著他們原來的色彩走進了婚姻生活，而他們共同的地方就是他們都知道如何去努力，去用功，去得到榮耀，這是他們婚姻的起點。妳用妳心靈的照相機在此處停格一下。等一段時間之後，我們會再回到這個地方來。珊如，此刻妳的感覺是什麼？」

珊如：「我覺得此刻看到他們這個樣子，我比較不怕。」

導引者：「什麼使妳比較不怕？」

珊如：「我覺得我比較懂他們。」

導引者：「是的，有些東西看明白了也就沒有那麼可怕了。」

導引者：「在這裡有一個新的家庭產生了，當時爺爺奶奶還在嗎？」（珊如點頭）

導引者：「在你和大姊還沒有出世以前，我們來看看爺爺、奶奶、爸爸、媽媽，他們四個人的關係是什麼樣子的？」

導引者：「爺爺和奶奶的基本姿勢我們昨天已經見過了，我們今天把新婚的爸爸、媽媽也雕塑進來。當他們的新媳婦過了門，他

們之間的遠近高下是怎麼擺的？」

珊如：「奶奶仍然是指責的，只是這時候我討好的爺爺可以站起來了，他陪著我的奶奶一起站起來指責我的媽媽。」

珊如：「媽媽必須跪下，她的頭要低下來，奶奶說不准跟長輩頂嘴。」

導引者：「而她一向能說善道，她是一個教了十年書的老師，在這個局面裡，她的色彩不再需要，她要拿掉她的色彩做我們的媳婦。新郎官呢，他站在怎樣的位置上？」

（圖6）爺爺奶奶指責跪在地上的媽媽。

圖6　結婚時，爺奶雙雙指責母，父在一旁

導引者：「這是他們婚姻的起點。阿公，說說你的感覺怎麼樣？」

爺爺：「舒服多了。」

導引者：「阿嬤妳呢？」

奶奶：「這個女人是來奪走我兒子的媳婦，以前我兒子很聽我的話，雖然他會跟我頂嘴，至少還是我的希望。現在呢？我的兒子賺錢會拿給我嗎？」

導引者：「OK！所以妳有一些這樣的掛慮在裡面，這會使妳對她……？」

奶奶：「我一定要治她。」

導引者：「嗯！」

奶奶：「一定要治治她，不能讓她騎到我頭上。」

導引者問爸爸：「你的態度如何？」

爸爸：「雖然我媽媽是無理取鬧，可是，我只要稍微幫太太說一點點的話，就會被罵得半死，而且，外面的人會怎麼看我？不能被人說書讀越多越不孝順！」

導引者：「難怪你也只有把眼光朝外看了，好在你有很多的事業，好多的前途要你開創。（導引者面向媽）說說妳好嗎？妳的人生完全改變了。」

媽（替）：「我好委屈哦！我在學校那麼威風，可是在家裡面，公公婆婆是這樣子的對待我，先生又不支持我，站得那麼遠。我覺得我真是不應該嫁進這個家裡來的，如果我能夠選擇，我要離開這裡，我不要站在這麼屈辱的地位。」

導引者：「相信這些是媽媽當時的心情嗎？」

珊如：「她不能丟娘家的臉。」

導引者：「她是不能丟娘家的臉，只好做一個委屈的媳婦，因為她也不能丟婆家的臉，所以她白天當她的老師，晚上當她的媳婦。」

珊如：「而且她們把大姊搶走。」

導引者：「怎麼說？」

珊如：「大姊是屬於姑姑她們的。姑姑都會跟她說：『妳有一個壞媽媽，妳那個媽媽最不要臉。』」

導引者：「姑姑憑什麼這樣說？」

珊如：「她們都住在一起。」

導引者：「是一個很大的家庭。」

導引者：「她們說她是壞女人、壞女人。」

珊如：「媽媽白天上班的時候，姑姑當姊姊的保姆，還教她念兒歌，在兒歌裡罵媽媽。」

導引者：「有點過分耶！不是普通的。」

導引者：「妳此刻的感覺是……？」

珊如：「我突然比較了解為什麼我媽媽那麼不喜歡我姊姊，為什麼我媽媽聽到我姊姊要從國外回來，她害怕，她那麼無助，我想我媽媽在我姊姊身上看到我姑姑對她的虐待。」

導引者：「姑姑虐待媽媽，連她的女兒也被她們奪去，加盟到她們那一邊。」

在導引者的安排下，兩個姑姑的扮演者對大姊展開「攻勢」。

大姑：「妳媽媽很壞，都對阿嬤不孝順。」

小姑：「媽媽對妳不好，她只會工作，她都不照顧妳。」

姊姊：「可是她是我媽媽耶！」

小姑：「她不好，妳不知道，我跟妳講的是對的。」

姊姊：「可是她把我生出來，她應該很愛我啊！」

小姑：「她生了妳，但是她沒有盡到母親的責任，她都在工作。」

姊姊：「可是……可是……」

小姑：「妳聽姑姑的話沒錯，妳還小妳不知道，姑姑跟妳講的都是對的。」

姊姊：「我、我……」

姊姊：「我覺得白天在她們的籠罩之下，晚上我才可以享受媽媽的溫情，可是，又好像很短很短。」

導引者：「妳跟其他的孩子一樣，有一種親近媽媽的本能，事實上

沒有一個孩子不要媽媽，但是同時，妳又聽到……」

姑姑：「媽媽生妳不要妳，姑姑照顧妳就好。」

姊姊：「（尖叫）不要，不要，不要。」

導引者：「她不歇斯底里也很難，那是大姊。」

導引者：「妳的感覺怎麼樣？」

姊姊：「我覺得我真的要發瘋了，我沒有辦法來肯定我自己，我整個人都混亂了，我所相信的價值都是這個樣子。」

導引者：「（問大姊）在這裡妳對爸爸的期望是？」

姊姊：「我希望他能伸一隻手過來。」

導引者：「妳對他說好嗎？」

姊姊：「爸爸！你為什麼不伸一隻手過來讓我抓著？」

導引者：「（問父）你的手到哪裡去了？爸爸。」

爸爸：「我要苦拚呀！而且我不能回頭，我一回頭的話，會被我媽媽罵死。」

導引者：「（問母）而妳呢？當妳的女兒在那個位置上。」

媽媽：「我覺得我很……，在這個家裡面，所有指責的箭頭都朝著我，連女兒，晚上她們都不讓她接近我，好像她是她們的財產，不讓我去接近她，又把這個罪名加在我的頭上，我賺錢也是為了這個家，我又沒有不負責，不顧孩子怎麼樣？」

導引者：「妳說妳想多認識姊姊，當妳看到這一幕，妳想對姊姊說的是……？」

珊如：「（面對姊）我不知道妳是怎麼活過來的？我感覺我比妳幸運多了，在妳生命才開始的時候就那麼難過，我明白了為什麼妳必須試煉我對妳的愛有多深，然後批評我跟我未婚夫的感情，妳一直在試煉我到底喜不喜歡妳。我不知道為什麼妳要這

麼做？可是當我看到妳這樣子的時候，我比較能夠去體諒妳。」

導引者：「珊如，看看大姊，告訴她妳對她的期望是什麼？」

珊如：「我們從小吵到大，這次妳從美國回來，我好興奮，我覺得我們可以有一個不同的開始，可是我還是做不到，我希望妳停止對我的懷疑。」

導引者：「珊如，她很難停止對愛的懷疑。如果她很難停止這個懷疑，妳對姊姊期待的是……？」

珊如：「我要離開妳。」

導引者：「妳要離開她，可是妳是帶什麼心情離開她的？」

珊如：「如果我再不離開她的話，我就快要瘋掉了。我想保護我自己，我不想要跟妳在一起。」

導引者：「似乎妳必須在心理上離開她。」

導引者再度回到珊如的原生家庭雕塑當中：「這是大姊在家中生長的位置，而珊如妳是老二，小時候珊如的位置跟大姊一定不同，她在姑姑身旁的時候，妳在哪裡？」

珊如：「在中間啊，我知道我為什麼那麼遲鈍，那麼笨了。我躺在中間，一面聽到媽媽哭，一面聽到姑姑罵，我把耳朵摀起來就什麼也聽不到了。」

導引者：「珊如，活下去的方法就是聽不見以免自己瘋掉，是嗎？」

珊如：「對，我覺得我就長得像一個頭向上、嘴巴微張，笨笨的樣子。」

（觀眾大笑）

導引者：「她來到這個家裡的時候，正是家裡混亂到極點的時候，

在混亂中笨笨的比較舒服。妳選擇這樣的方法『笨』以便能夠節省足夠的精力在學業上優秀聰明，我終於明白了。珊如，對這個聰明的笨孩子，妳想說些什麼？」

珊如：「我很感激她，她不會去站在姊姊那個位置。她沒有讓自己瘋掉。」

導引者：「你的後面好像還有一個妹妹。」

珊如：「是的，妹妹的運氣比較好。」

導引者：「妹妹在哪裡？」

珊如：「妹妹出生的時候已經搬到台北了，因為爸爸終於知道奶奶有虐待媽媽的情形。」

導引者：「哦！爸爸有的時候偶爾回來看一下，面對這個事實。」

珊如：「有一次，爸爸上班去忘了拿東西，然後他回來要拿東西的時候，剛好在門口聽到我奶奶在罵我媽媽。」

導引者：「他才知道真實的情況。」

珊如：「他才去跟朋友說：他不知道我們施家的媳婦那麼難做，然後就搬到台北了。」

導引者：「所以三妹來臨的時候，那是另外一個季節，另一個新的開始，而妳出生的時候，正是混亂達到顛峰的時候。」

導引者：「到了台北以後，你們家庭的關係改變了嗎？那不再是個大家族，而是個核心家庭了。」

珊如：「感覺上爸爸和媽媽不再那麼疏遠了，而姊姊還是跟媽媽很疏遠，我還是笨笨的，但是媽媽跟妹妹很有話講，她叫她心肝寶貝。」

導引者：「似乎在這個新的環境裡，媽媽才能享受到她的母女之情。混亂的局面終於遠離了，而爸爸也改變了，是嗎？」

導引者問爸爸：「對這個笨笨的女兒，你的感覺是什麼？」

爸爸：「那麼瘦，真不知是怎麼吃的？」

導引者：「當年別人也嫌你瘦。」

爸爸：「她大姊就胖胖的，她怎麼又黑又瘦，像個釘子一樣，不過我是很愛我的女兒的。」

導引者：「珊如，妳相信嗎？那個黑瘦像釘子一樣的女兒會得到爸爸的憐愛。妳的感覺如何？」

珊如：「我有一點安慰。」

導引者問媽媽：「妳的世界改變了嗎？」

媽媽：「在這邊，我終於可以自己作主了，不像以前都被壓住沒有自己決定的空間。」

妹妹：「我覺得爸爸離我好遠，兩個姊姊跟我也很陌生，他們似乎不太喜歡跟我在一起，只有媽媽要我，我必須依偎著媽媽，做個聽話的孩子，這樣媽媽就會永遠愛我了。」

珊如：「在我之後又有一個弟弟和一個妹妹，媽媽親自照顧他們非常忙碌。」

媽媽：「我終於有了一個自己的家，雖然他們很吵，但是我很高興。我為自己成為女主人而高興。」

珊如：「只有我和大姊是從台南帶過來的，弟弟妹妹都是在台北出生的。我有的時候會有一種感覺，彷彿我們小孩被分成兩國，媽媽似乎要把台北生的孩子跟台南生的孩子隔開，好像怕我會害弟弟妹妹一般。」

導引者：「珊如，妳來當媽媽。告訴珊如（替身）她會怎樣害了弟弟妹妹。」

媽媽（珊如飾）：「她會讓他們不愛我。」

導引者：「你再說一次，好嗎？」

媽媽（珊如飾）：「她會讓三個小的孩子不愛我。」

導引者：「她如何能讓弟弟妹妹不愛妳呢？」

媽媽（珊如飾）：「就像小姑當年對我一樣，不然她也許會把他們弄得跟她一樣笨笨的。」

珊如（替身）：「媽媽，我覺得有一種被拒絕的感覺。」

珊如（替身）：「我不知道該怎麼辦？我覺得好無助哦！我很想靠近妳，可是妳不要我，我只好去靠近爸爸，可是爸爸也那麼忙，我覺得好孤單，所以我才笨笨的。」

導引者：「珊如，這孩子心裡是這麼想的嗎？（珊如點頭）來！回到妳自己的角色上來好嗎？妳來拉媽媽的衣角，讓媽媽注意到妳。」

媽媽：「走開，走開。」

珊如：「媽媽，媽媽。」

媽媽：「走開。」

媽媽：「妳不要害我這三個小孩。」

珊如：「我不會害他們的！」

媽媽：「妳走開，妳不要害我這三個小孩。」

珊如：「妳為什麼都不跟我講話？妳為什麼都不跟我講話嘛！妳都把我放在家裡面。」

媽媽：「我想忘掉台南。」

珊如：「我想跟妳講話。」

媽媽：「我想忘掉台南。」

導引者：「告訴媽媽，不被重視的感覺是……？」

珊如：「我覺得我快要死掉了，我快要死掉了。」

導引者：「不被重視的感覺是快要死掉了，孩子。」

珊如：「我覺得我都沒有人愛，我都沒有人愛。」

導引者：「妳渴望些什麼？」

珊如：「我要媽媽重視我，為什麼妳都只要她們不要我呢？」

導引者：「珊如，妳等了多少年？等她愛你。」

珊如：「我等了二十幾年，妳還是一樣不看我，不跟我講話，只跟妹妹講。」

導引者：「告訴媽媽，帶著這個感受，當妳要離開這個家的時候，妳心裡期望的是什麼？」

珊如：「我不敢要妳重視我了，我要去找另外一個人重視我、愛我。可是他怎麼又跟妳一樣不重視我嘛！我不要你們都這樣對我。」

導引者：「珊如，接觸妳心裡面的感受，接觸妳心裡面很寂寞、空虛的感覺，充滿了需要。妳好像一棵沒有水來灌溉的植物，快乾枯的感覺。」

珊如：「你們都不要我。」

自愛的培養

導引者：「珊如，那感覺是什麼？」

珊如：「我覺得我隨時都可以死掉。」

導引者：「當植物乾枯的時候，它真的可以死掉，真的可以死掉。珊如，妳聽自己心裡面的這個聲音。」

珊如（替）：「我快要死掉了！我覺得我好孤單哦！都沒有人愛我，我覺得我好像快要死掉了，好像沒有人可以給我養分、給

我關愛一樣，我自己一個人怎麼可能養活自己呢？我好像要死掉了，我覺得我快要死掉了。」

導引者：「聽到這個聲音，或許妳可以回頭看看。」

珊如（替）：「我覺得我快要死掉了，我覺得我好孤單，為什麼我一個人在這裡，都沒有人來幫助我，我跟媽媽要，可是她又不要我，爸爸也不理我，我覺得我快要死了。」

導引者：「珊如，那感覺是什麼？」

珊如：「我覺得我隨時會死掉，當植物乾枯時，它隨時會死掉的。你並沒有誇張。」

　　此時導引者請替身扮演珊如，而導引者牽著珊如的手站在一旁說：「珊如，聽聽你自己心中這個乾枯的聲音好嗎？」

珊如（替身）：「我快要死了，我好孤單，都沒有人愛我。我覺得快要死了，沒有人給我養分，我怎麼能養活我自己呢？我跟媽媽要，她不給我，我快要死了。」

導引者：「珊如，請走過去接觸你自己的內心，去看看她。」

導引者：「珊如，過去接觸妳，走過去接觸妳，看看她。」

珊如：「我不敢看，我不敢看，我不敢看。」

　　（珊如別過頭去，拒絕看跪在地上的替身）

珊如（替）：「妳不要我嗎？我是珊如，我要妳看看我，我覺得很孤單。」

導引者：「當妳敢的時候，回過頭去看看她。」

珊如：「我看到的時候，我就會死掉了嘛！我不要看。」

導引者：「我不知道妳會不會死掉，當妳有勇氣的時候，妳轉過去。」

珊如（替）：「珊如，妳看看我。」

珊如：「我不要妳。」（圖7）

＊我是……，我要你看看我
　我覺得很孤單
＊我看到你我就會死掉
　我不要看，我不要你
圖7　自拒自

導引者：「妳不要她，妳也可以靠過來一點。」

珊如（替）：「珊如！」

珊如：「我不要這個東西嘛！我不要這個東西。」

珊如（替）：「珊如，妳不要看，我怎麼辦？珊如，妳看看我。」

珊如：「我不要看妳，我不要看妳，這樣我才活得下去。」

珊如（替）：「珊如，我好孤單哦！」

珊如：「我不要妳，我不要妳，我不要妳，我不要妳嘛！我不要妳，我不要妳。」

導引者：「要她走開，走開。」

珊如：「走開，我不要妳，我不要妳，我不要妳，妳不要靠近我，妳不要靠近我，妳不要靠近我。」

導引者：「接觸妳的害怕，妳怕嗎？」

珊如：「我怕，我不要她。」

導引者：「告訴她，妳怕她。」

珊如：「我怕她，我不要她，如果有她，我就要死掉了。」

導引者：「珊如，妳是真的怕她，妳怕她很久了，妳怕了很多年，
　　　　妳怕會孤單而死（對替身），而妳會怕死（對珊如）。」

珊如：「我覺得好害怕。」

導引者：「是真的害怕，我看得出來，是真的害怕。妳們來交換一
　　　　下，讓她知道她有多叫人害怕，妳們交換一下位子，好嗎？珊
　　　　如，妳來成為那個孤單的、渴望的讓她知道妳有多害怕的
　　　　人。」

導引者：「有的時候妳的感覺像……像馬上要枯萎的花，妳是珊如
　　　　心裡面的空虛和飢渴，乾扁扁的，告訴她，妳有多乾？」

珊如：「她不喜歡我，我不要常常出來，只要她在遇到挫折的時候
　　　　才出來。」

導引者：「嗯！當妳鑽出來的時候，妳會希望她怎麼對妳？」

珊如：「我不敢出來，我怕出來她會死掉。」

導引者：「嗯！妳很愛她嗎？」

珊如：「我很愛她。」

導引者：「告訴她，我愛妳，我不要妳死。」

珊如：「我很愛妳，我不要妳死掉。」

導引者：「妳為了不要讓她死掉，所以妳常常躲起來？」

珊如：「我也不要妳死掉，我希望妳過得很好，可是我知道妳沒有
　　　　辦法。」

導引者：「在什麼樣的時候妳才會鑽出來，讓珊如來看看妳？」

珊如：「當她難過的時候。」

導引者：「那是很偶爾的情況，今天妳試著鑽出來，靠近她一點

點，讓她看到妳的頭，讓她看到妳三分之一的身體，妳試著小小聲的叫，不要太大聲，說：珊如，我好害怕。」

珊如（替）：「珊如，我好難過。」

珊如：「我什麼都沒有了，我真的什麼都沒有了。」

珊如（替）：「我知道。」

導引者：「妳不知道。」

珊如：「妳不知道，妳永遠不會知道這種感覺是這麼的難過。」

珊如（替）：「我知道，我跟妳一樣，我也怕妳，我們有一樣的感覺，我很孤獨。珊如，我也好寂寞。」

導引者：「妳有機會偶爾從洞裡鑽出來，妳會准許她摸摸妳的手，妳會准許她看到你的臉，看到妳三分之二的身體。」

珊如（替）：「珊如，我好害怕，我好怕妳，妳會不會傷害我？」

珊如：「我不知道。」

珊如（替）：「我很害怕。」

珊如：「妳不要怕，我不會傷害妳。」

珊如（替）：「可是我好害怕哦！」

珊如：「我不會傷害妳，我不會傷害你。」

導引者：「珊如，妳希望她的人生怎麼樣？」

珊如：「我希望妳很快樂，我希望妳能夠平安，妳的婚姻會很好，所以我不要出來。」

珊如：「我怕我出來妳會完蛋，妳就不會有好日子過了。」

珊如（替）：「我好害怕，妳不要傷害我，可不可以？」

珊如：「我不會傷害妳。」

珊如（替）：「妳不要傷害我。」

珊如：「我會躲起來。」

導引者：「珊如，妳今天從洞裡鑽出來，不用躲了。珊如，介紹介
　　紹妳是誰？介紹妳是怎樣的乾枯？怎樣的飢渴？珊如，介紹介
　　紹妳。」

珊如：「我自己是扁扁的。」

導引者：「嗯。」

珊如：「黑黑的。」

導引者：「嗯。」

珊如：「小小的，然後很多人都會欺負我，妳都不知道。」

導引者：「那個扁扁、黑黑、被欺負的感覺是什麼？」

珊如：「好痛。」

導引者：「再一次告訴她。」

珊如：「我好痛哦！」

導引者：「好。」

珊如（替）：「我知道，我也很痛。」

導引者：「當妳痛的時候，妳希望她怎樣對待妳？珊如，妳再告訴
　　她一次，妳再告訴她一次。」

珊如：「我希望妳愛我，可是我不相信嘛！我不相信嘛！」

珊如（替）：「我愛妳，可是我好怕妳傷害我。」

珊如：「我不會傷害妳啦！」

珊如（替）：「可是我好害怕妳傷害我。」

珊如：「我不會傷害妳。」

珊如（替）：「妳會傷害我。」

珊如：「我不會傷害妳。」

　　（音樂：我是隻小小鳥）

導引者：「珊如，跟她靠近一點，當妳乾枯、盼望她的時候。」

珊如：「我不會傷害妳，我不會傷害妳，我不願意傷害妳。」

　　（音樂）

珊如（替）：「珊如，我好害怕哦！」

珊如：「我不會傷害妳。」

　　（音樂）

—— 整合 ——

導引者：「珊如，我讓你看一個我所看到的景象，好嗎？」

　　在導引者的安排下，珊如被媽媽拒絕的雕塑，以及自己拒絕自己的景象在團體成員的眼前出現。（圖8）

母　　　替身　　　替2　　　替3

替身2：你不要出現，躲起來

替身3：我好害怕，我要你看到我

圖8　對照

媽媽：「我怕妳接近我，我怕妳帶壞弟弟妹妹，我不想再想起任何
　　　與台南有關的事，妳不准靠近我。」

珊如（替身）：「媽媽，我愛妳，我渴望妳，可是我不敢吵妳。」

珊如（替身2）：「我希望妳看到我，可是我怕我會傷害到妳。」

珊如（替身3）：「妳不要靠近我，妳會害死我的。」

珊如（替身2）：「我們是一體的。」

珊如（替身3）：「不，妳會害死我。」

　　導引者牽著珊如的手在一旁觀看，導引者問珊如：「妳看出這裡面的意思了嗎？那是媽媽，媽媽那麼地害怕珊如靠近，有她的道理，而似乎妳在對待自己的時候，那個乾扁、飢渴的快要死的感覺也真的不敢出來吵妳的內在母親，至於今後妳要當一個怎樣的自己的母親？那就是妳自己的功課了。珊如，我再讓妳看到一個可能的景象好嗎？」

　　（替身與未婚夫之間的對話）

珊如（替身）：「我實在渴望你，可是我真怕你為我犧牲，真怕你
　　　　會破壞了你的人生，可是我又實在太需要你了。」

未婚夫：「我很願意和妳在一起。」

珊如（替身）：「我想要你，可是我不敢去吵你。」

未婚夫：「妳到底要不要嘛？」

珊如（替身）：「我好想要，可是我不敢去要，我怕吵到你。」

　　珊如看到未婚夫的角色扮演者與自己替身之間，模擬而誇張的對話，會心地笑了。她彷彿認出了自己對未婚夫的渴望，渴望他的愛又害怕自己擁有渴望的一份矛盾。

🏳 最後一幕：與爸爸道別

　　導引者再度邀請爸爸的角色扮演者與珊如對話。

導引者請珊如扮演爸爸，對她說：「雖然她不是個兒子，小時候也不像姊姊、妹妹功課好，但是她是一個善體人意的孩子，她能夠了解一個中年男子的寂寞，這是連太太都做不到的事，但是這個笨笨的孩子做到了。而爸爸，你要不要對這個孩子說說是什麼使得你跟她之間無法接近？」

爸爸（珊如飾）：「我沒有辦法接近妳的原因不是妳的錯，而是這個家給我的壓力，我有五個孩子，我必須賺很多錢，我太忙了，我沒有辦法照顧妳。」

導引者：「但是你仍然常常記得這個孩子，你還記得帶他去參加宴會，這是你記得她的方式嗎？」

爸爸（珊如飾）：「對。」

珊如（替身）對珊如說：「爸爸我很了解你，可是當你冷冷的對我時，我不知要怎樣跟你相處。」

導引者問珊如：「妳能不能告訴我妳的兩個願望，妳期望爸爸怎樣對妳？」

珊如：「我期望他能跟我們聊聊天，跟我們一起看電視，他從不跟我們一起看電視的。我期望能跟爸爸談一些我最近的感覺、我的新發現，或是分享在我生活中所發生的一些有趣的事情。」

　　導引者再度請替身扮演珊如，而讓珊如扮演爸爸，進行最後一段對話。

珊如（替）：「我期待跟你聊聊天，我期待能跟你分享一些好玩的

事情，我希望你能看看這個家，關心我們，也看看我們。我真的好希望能夠跟你說話，好想跟你分享心中的感覺。」

導引者：「爸爸，告訴她，何以你不能完全滿足她這些願望？」

爸（替）：「如果我一旦跟妳說話，我的憤怒就會跑出來，我有好多好多的憤怒，我怕跟妳一說，我就生氣，我就生氣。」

導引者：「所以你用不講話的方法來保護她，倘若不是有那麼多的怒火，你聽到這個貼心的女兒在跟你說這些期待的話的時候，你有什麼反應想告訴她？」

爸（珊如飾）：「我剛才不太知道怎麼去反應，然後覺得有些不敢聽，可是又很想聽。」

導引者：「爸爸，你真的認為她很笨？」

爸（珊如飾）：「不會。」

導引者：「說說你認為她是什麼樣的一個孩子？」

爸（珊如飾）：「我知道妳是一個滿願意跟人家分享的女孩子，有一次妳念書念得很晚，兩點多，我也還在看書，妳有收集卡片的習慣，妳就突然很瘋狂的拿卡片下來，一頁一頁的翻給我看，我好驚訝！可是，我不太知道怎麼去跟妳說話，好意外。」

導引者：「爸爸，你喜歡那種感覺嗎？」

爸（珊如飾）：「好喜歡。」

導引者：「妳要不要告訴你的女兒？在你的人生裡面，你有這個孩子，她帶給你些什麼？」

爸（珊如飾）：「妳可以帶給我一些欣賞，我很欣賞妳的直爽，我欣賞妳的快樂，我覺得妳甚至可以帶來一些不一樣的親近感。」

導引者：「你說這一句話好嗎？」

爸（珊如飾）：「妳帶給我的是這麼親近的感覺，這是我生活中所欠缺的。」

導引者：「她還教了你什麼？」

爸（珊如飾）：「她教我怎麼去敢要自己想要的東西。」

導引者：「你從她身上學到的嗎？」

爸（珊如飾）：「嗯！當我看到我的女兒那麼敢要她想要的東西時，我會有些羨慕她、妒忌她。」

導引者：「而你知道嗎？你那個很敢要的孩子長大了，她現在要去她所要去的方向。」

導引者：「（面對珊如）妳跟爸爸說妳要離開這個家。」

珊如（替）：「爸爸，我要離開這個家了。我要離開這個家，我也要離開你了，爸爸。」

導引者：「那個小女孩已經長大了，她真的敢去要，而且她打算要去追求她的人生了。」

珊如（替）：「爸爸，我要離開這個家了，我要離開你了，爸爸，我要離開這個家。」

爸（珊如飾）：「我想叫妳不要走，可是妳偏偏要走。」

導引者：「而你用什麼方法來讓她不要走？」

爸（珊如飾）：「我會用生氣，我會無緣無故地對人發脾氣。」

導引者：「而你的女兒長大了，也許她真的要離開你了，在你心底，你對她的人生有什麼期望？」

爸（珊如飾）：「我期望她快樂，少吃些苦。」

導引者：「如果她要離開你，去展開另一段新的生活，你會祝福她嗎？」

爸（珊如飾）：「我會的，我會祝福她，其實我滿欣賞她敢去要她所要的。」

　　導引者請珊如回到自己對爸爸道別，慢慢走向站在另一角落的未婚夫，她的手中仍牽著象徵父親祝福與牽掛的紫色長紗。她邊走邊著含淚對爸說：「我要走了，我一定會回來。爸爸，我永遠愛你。」珊如手中的紫紗越拉越長，形成一幅美麗的畫面，令在場的許多人以含淚的眼光相隨。

家庭重塑是家族治療的一種變化運用，他們都是以系統的觀點去看人與家庭。視家庭為一互動的整體，視個人為家庭系統中的一部分。處理一個家庭時，以改變系統的運作為治療目標；面對單獨案主時，則著眼於其所承受之家庭影響。

與一般家族治療最大之不同是，家庭重塑的過程中，真實的家人並不參與，而是由團體成員用角色扮演的方式代替探索者的家人，因此整個重塑的過程，完全是跟隨著探索者的認知與知覺，探討的是當事人的主觀經驗中家庭系統，而並非處理客觀的事實。這種重視主觀經驗的心理治療取向，充滿了人本和存在主義色彩，相信人是經驗的主體，阻止個體發展的往往是主觀中的家庭動力，而非客觀上的家庭動力。

薩提爾結合了系統理論及現象學的概念發展了家庭重塑，家庭重塑絕非為了過去尋根，而是為了對現今及未來的生活有所轉化，而去探詢家族歷史脈絡，其基本假設為：

一、人的行為模式及性格主要來自家庭中的學習。

二、家族經驗始自幼小，當時個體對家庭的認知系統開始建立，所用的是不成熟的知覺，也沒有足夠的資訊去選擇與取捨。

三、人有再學習的能力，可在成年之後對自己舊有的認知內容加以重塑或修正。

四、自我概念的建立與家庭經驗息息相關，當認知系統中，家的概念改變時，自我的概念也隨之改變。

薩提爾一方面相信家庭的經驗「彷彿留在血液裡一般地根深蒂

固」，一方面又堅信人類天賦的潛能，可以為了過愉快豐富的生活，而推動改變的過程。家庭重塑使人由過去的束縛中，釋放出精神的能量及認知的經驗，使人踏向自我發展的人生坦途。

家庭重塑是一個過程

基於這些理念，成為治療者必須去認識，當在引導家庭重塑時，是在引導一個過程的發生，而不是在引導一個人。當治療者讀完探索者的家庭關係圖時，開始可以先行預設一些重塑的場景或步驟，但在過程中，這些特定的場景，也只是用來引發探索者的反應，而治療者必須隨時保持警覺與彈性，不能太緊地抓住自己的預設，否則反而成為過程中的障礙，更不能操縱探索者的反應，來按照自己的設計進行。

在我與我的工作夥伴的工作經驗中發現，只要我們一步一步打開家庭史，認識家族中一個個各具特色的成員，探討一份份的關係，我們的工作不是直接解決問題，而是使過程流暢前行，耐心地進行肢體雕塑與角色之扮演，途中可能經過一些相當冗長與沈悶的階段，但到了最後終究有柳暗花明豁然開朗的時刻。

揭開家庭神秘的面紗

在重塑的過程中，我們會希望探索者能看到他以前所沒看到的，感覺到他以前所沒感覺到的。可能這些新刺激帶給探索者新的收穫，但也有可能帶給他的是更大的失落。例如：原本以為自己是家庭中的王子，得天獨厚，但卻發現自己多年來把家庭榮耀的重擔

扛在肩上像個奴隸；原本以為自己是在自由氣氛下長大的，後來卻發現自己其實被忽略了很久。

對於自小受到虧待或甚至虐待，卻為了在心中維持美好的父母形象而未曾面對的人，認清自己曾被虧待的事實是很重要的，以免長大之後糊里糊塗地又陷入自傷傷人的局面。揭開真實的互動過程不是為了批判先人及父母，而是要正確地認識自己，以便知道下一步調整的方向。

要協助探索者面對這些原本隱藏的事實，除了善用家庭關係圖等工具外，最重要的還是處理探索者的抗拒，在重塑過程展開前，我們必須先向探索者及所有的成員理解，回溯家庭歷史並非為了批判過去的錯誤，或是認定某人的缺失，而是帶著「不完美的真實面，比完美的更完美」的心情去對成長的真實背景有一完整的認識，以便接觸成長的根源。在探索的過程，我們常常請探索者在每一個家庭成員中，吸收值得學習的經驗，以示我們對每一個人的尊重。

另外，每一個角色扮演者，都對構成完整的家庭圖像有極大的貢獻。因此我們會花很多的時間去詢問角色扮演者的體會，以擴大探索者的知覺範圍。

體認及接納父母的人性，藉以提昇自我價值感

所謂自我價值感是能用尊敬、珍惜的心情來接納自己的一種心態。一個人如果厭惡自己或嚴重地不能面對某些自己的缺點，其人

格是分割而未能在自我知覺當中統整的。薩提爾認為：「自我價值之高低實為一個人能否統整接納自己的每一部分，以創造自己獨特的人格。」對於父母，無論我們喜歡與否，其實他們的特質早已內化成為我們人格的重要部分。不能接納父母往往意味著對自己的某些重要部分不能見容，高度的自我價值感也無從發展了。能夠寬諒父母，我們才接納了自己，進而提高自我價值感。

家庭重塑的治療目標之一為幫助案主體認父母也是凡人，而非童稚心目中曾誇大視之的神，更非絕對權威或無法抗拒的巨大力量。在重塑的過程中回溯到父母的青春、童年、出生，深深進入父母內心的經驗是十分有力的途徑，使人體認父母的人性，包括人性的弱點和他們也曾受苦受傷的事實。當我們放下舊有的父母權威形象，接納父母雖然一本善意，卻也會犯錯時，自己不成熟的童稚心態才得以長大。

增加與父母之自我分化程度

父母對人最具影響力，與父母的關係中如有糾結難纏的成分，常是絆住人格成長的因素。或是憤怒被愛不夠，或是歉疚太深，或是情緒黏結不清，或是捲入父母婚姻困擾中，都是心理治療上處理的重點。家庭重塑正是十分有力的方法，可以直接處理案主與父母的關係。

Murry Bowen 認為健康而功能良好的人，是要由家庭群體我（family mass ego）走向高度分化（differentiate）的自我。家庭重塑是加速此一發展過程的方法，使成年子女與父母在心理上達到獨立、分化，而又不失其間的親情，反而更增加對父母的感謝、接納

　　　　　　　　　　　　家族歷史與心理治療

與寬諒；使案主不再需要消耗大量精力在親子間共生或黏結的關係上，卻能擁有一份成熟的親子之愛。

轉化舊有的行為規則

所謂行為規則是一個人重複使用且成為習慣的行為模式。許多是在兒時對環境的因應當中形成的，個體在家庭系統中學習到的行為規則，一路沿襲直到成年，有些早已不合時宜，甚至導致病態。尤其是自小面對生存威脅的基本生存法則，有時更根深柢固的成為一種非理性的自我要求及強制性的束縛。

在家庭重塑裡，探索者重回舊有系統，能察覺出這些規則的學習根源，並且先激發起當年的真實情緒經驗，再以成人的心態重新轉化這些教條式的規則為彈性的規範，而有選擇地加以運用在現實的人生中。

幫助探索者了解：「改變父母及家人並不重要，重要的是自我改變」

家庭系統理論強調環境對個體的影響力及制約性，因此常常感到個體力量的薄弱，因而家族治療師才會需要以改變全家的手段，來協助個體改變。當這種觀點過於被強化時，往往會忽略掉個體的自我責任——在系統還未能改變前，自己主動去創造環境及人生的責任。家庭重塑以現象學為依歸，因此在過程中，極力地強調放棄：「只要你改變，我才能快樂」的心態，而把個人成長的責任交

付與探索者本身，希望探索者因為看清家庭對自己的影響，而更加知道調整的方向，而非陷入等待他人改變的無力與無助中。

🏳 協助探索者學習做自己的理想父母，善待自己

大多數的探索者都會發現一件事實——自己的父母並不完美，因為他們本身也沒有完美的父母。我個人常常感覺到其實父母很難給孩子無條件的愛，倒是孩子們常常忠心地愛著父母，或許這是「人」的限制，然而許多人在意識中或下意識裡，仍然在等待著父母所不能給的部分，例如：一份認可、一句讚美、深刻的了解，或是完全地寬恕。

其實我們無法幫助任何人去要他所要不到的，在重塑的過程裡，我們是使探索者意識到父母的限制，同時開始學習去做自己理想的父母，給自己以前所欠缺的照顧，例如：被忽略長大的，開始學習注意自己的需要；被溺愛長大的，開始約束自己的行為。

🏳 整合自己的豐富資源

一個人具有許多特質和面貌，薩提爾稱之為部分（parts），各「部分」間相互協調與整合；相對特質（如陽剛與陰柔、開創與保守）之間，如何取得平衡，正是心理治療及人格成長的方向。此一觀點與自我整合（self synthesis）治療中整合眾多「小我」（sub personality）成為圓融境界，在理念上是一致的。

薩提爾強調要以了解而非批判的眼光，看待所有自己的「部分」或特質，且在家庭重塑過程中，探索這些特質的學習來源。薩提爾相信成長過程中曾與我們來往的人所具備的主要特質很可能成為我們的「部分」。自己的特質亦在與對自己有影響力的人的互動當中形成。而那些有影響力的人，有許多是家人。

　　認識自己的各「部分」即是發現自己擁有的能力與資源，以便善加運用，同時也在其間產生更高的自我整合狀態。

透過接納自己的親人來接納自己

　　在家庭重塑中，我們將會發現自己家族系統中，每一個成員（不論曾經謀面與否）都直接或間接地參與了我生命的根源，而影響了自己成為今日的獨特個體。有些成員直接影響了我，曾是我的模仿對象，或是以某種方式與我來往，而引發我的某些特質生長；也有些成員間接影響了我，而直接影響我的父母，或構成我的家族文化的一部分。因此每一個家庭成員，都是我的內在資源，也都是我人格上不同的面貌，我若不接納任何一個家人，則是拒絕我內在的一部分，所以我們要學習接納自己的家人，並非是為了討好，或為了成就自己的道德美譽，而是更能接納自己，整合自己。

在一個家庭重塑工作坊或團體中，探索者與成員可以藉著參與角色扮演的過程，具體地將家族的動力呈現出來，幫助探索者重新回到久遠的歷史，心中產生無比的激盪。大多數參與其中的人，皆驚嘆角色扮演與雕塑的，如假似真的力量，彷彿真的置身於大時代的洪流中。記得有一次，我們為了演出一場中國人八年抗戰顛沛流離的過程，邀請在場的五、六十位觀眾，連同角色扮演者及探索者，一起倉皇地在二十坪大的空間裡，像無頭蒼蠅般地奔走，配合著沈重的樂曲及導演的旁白，瞬間進入了中國長久以來國破家亡的民族哀痛裡。事後許多人皆體會到內心的沈痛，原來已深深地溶入在我們的血液裡，不管是哪一時代的中國人。而探索者更在其間領會到父親在早年的表現，投身軍旅之後，來到異地重置家園的不安與恐懼。

然而並非每個人都有機會經驗類似此種角色扮演的活動，但是我相信光是搜集自己家族資料的過程，常常就會有些領悟或情感上的轉變，因為每個人都有尋根的需要，慎終追遠地探尋家庭的根源，其實就是與自己內心的根源接觸，感受自己的存在性。

以下有些活動，可以不透過大型的團體及治療者的帶領，自助走一趟家庭重塑的探索之旅。若是有兩三位朋友，一起來做，經過分享與討論，收穫可能更豐富。有些時候，你可以先把目前生活上或心理上的困擾寫下來，很可能在探索根源的過程中，會對自己目前的困擾，有些新發現和領悟。其實生活中有許多的答案，並非在書本的知識中，或專家的意見裡可以找到，反而是自己內心深處早已有了智慧，可以提供自己對生命下最好的註解及詮釋，而家庭重

塑的活動，即是提供一個與這內在資源接觸的機會。

▢ 第一步　踏上旅途——影響輪

在一張紙的中間畫一個圓圈，把你的名字寫上去。由中央的圓圈畫出輻射狀的線條，在線條的每一個尾端寫上一些從出生到十八歲的過程當中，和自己養育、成長有關係的人物，確定其中包括正向影響的人和負向影響的人。影響較大的人各放在比較粗短的線條尾端；影響較小的人放在比較細長的線條尾端。在每一個線條的尾端寫上人名、他的角色，此外還有一個形容詞或短詞去描述你怎樣經驗了他們的影響。做完了以上的工作之後，寫下你的感受。下面就是一個影響輪例子：

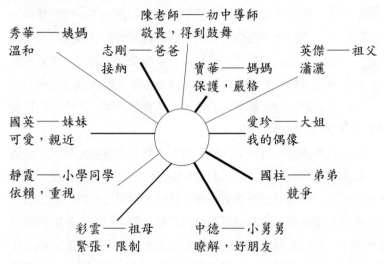

　　　　　　　　　家族歷史與心理治療

感受：多幸運啊！在生命早期，有這些好人在我周遭，我有一種感激及被祝福之感！

⚑ 第二步　進入歷史

把自己及父母的原生家庭分別畫成家庭圖，並儘量把每個成員的特質寫下來。如下圖：

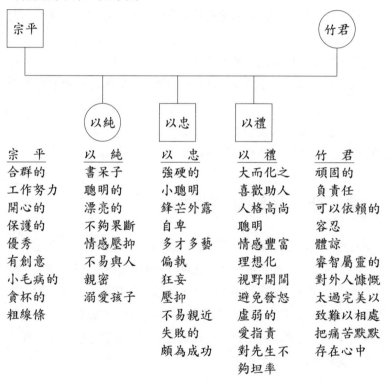

宗平
合群的
工作努力
開心的
保護的
優秀
有創意
小毛病的
貪杯的
粗線條

以純
書呆子
聰明的
漂亮的
不夠果斷
情感壓抑
不易與人
親密
溺愛孩子

以忠
強硬的
小聰明
鋒芒外露
自卑
多才多藝
偏執
狂妄
壓抑
不易親近
失敗的
頗為成功

以禮
大而化之
喜歡助人
人格高尚
聰明
情感豐富
理想化
視野開闊
避免發怒
虛弱的
愛指責
對先生不
夠坦率

竹君
頑固的
負責任
可以依賴的
容忍
體諒
睿智屬靈的
對外人慷慨
太過完美以
致難以相處
把痛苦默默
存在心中

並回答下列問題：

    A、在這個家庭裡誰和誰最相像？

    B、我和誰相像？我的特質承繼自何人？

    C、檢視圖中三份婚姻關係，這三對配偶彼此吸引，以致結合的原因是什麼？

    D、我看出這個家的行為模式嗎？

    E、在我的人生當中，我沿用了什麼行為模式？

    F、我所相似的人如何運用其強處與弱點？我自己又是如何自處的？

    G、我與所相似的人差異為何？

    H、我所愛的人或是我選擇的配偶，是怎樣對我產生吸引力的？

    （我對他們的吸引力又是什麼？）

當你作完上述活動，請寫下你的反應來。

🚩 第三步　了解家庭動力

    用大張紙畫出三個家庭關係圖，顯示家人之間一對一來往的情形如何？可由父母的家庭開始。在某一成員與另一成員間畫上一條線，並寫上描述彼此之間關係的字，或以一個句子表示他給對方的主要訊息為何？然後在每個名字下描述在此家中基本感受為何？（參考下圖）在做這些工作時告訴自己：「我在這家庭中學到什麼？」請寫下自己的反應。

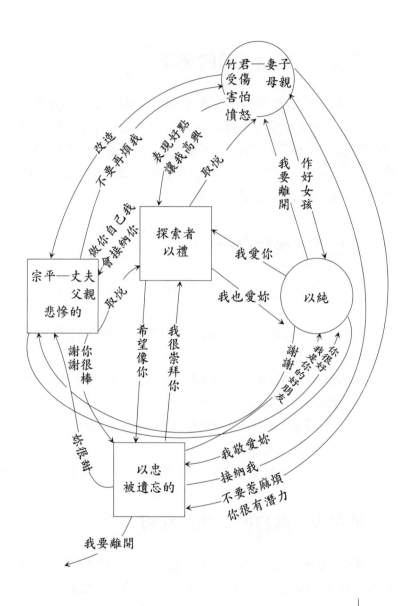

🚩 第四步　體驗父母的童年

　　找一個安靜的時間與空間，把父母的家庭圖與家庭關係圖放在眼前，然後開始靜坐想像父母童年光景，具體地幻想他們的家庭、室內的家具、成員臉上的表情，有孩子的父母有哪些感受，像是害怕、壓力、渴望、滿足、快樂等等，最後將自己所幻想的用色彩畫在圖上，並在反面記下自己的心得。

🚩 第五步　接觸自己

　　畫下自己的童年畫像，並配合著自己的原生家庭圖及關係圖，回答下列問題：

　　A、當年父母對這個孩子的期望是什麼？而這個孩子的應對模
　　　　式又是什麼？

　　B、當什麼樣子的時候，這個孩子可以感受到父母的愛？而他
　　　　用什麼方法來得到被愛？

　　C、當什麼樣子的時候，這個孩子感受到威脅或不安，而他用
　　　　什麼方法去應付？

　　D、這個孩子對父母有哪些期待，而他用什麼方法來度過？

🚩 第六步　做自己理想的父母

　　將三個童年（父、母及自己）的畫像，放在自己的眼前，比較他們的相似及相異點，並開始以今天的成人角色，分別對這三個孩

子說話（或者是分別對兒時的自己、父親、母親各寫一封信），並記下在這過程中的感受及心得。這信不必寄出，卻可發抒自己，也可在重看時有所領悟。

☐ 第七步　認識內在資源

分別寫下父、母及自己的五、六項正面特質及負面特質，並在正面特質後面寫下它可能潛藏的負面種子，及在負面特質後面寫下它可能潛藏的正面種子。例如：

正面特質　　　　　　　　**可能有的負面種子**

社交化　　　　　　　　　→無趣、不深入

強壯　　　　　　　　　　→霸道

敏感　　　　　　　　　　→易受傷、怕親密

聰明能幹　　　　　　　　→自大

做事有計畫　　　　　　　→沒彈性

負面特質　　　　　　　　**可能有的正面種子**

吝嗇　　　　　　　　　　→能儲蓄

指責　　　　　　　　　　→求好心切

懶惰　　　　　　　　　　→放鬆、不強制

迷糊　　　　　　　　　　→太專注於某一件事物

這些所有的特質卻有其正面的功能，蘊藏在我們的人格中，端賴我們如何適時適地的運用出來，成為生命的助力。

做完以上這些活動後，看看自己對家人及對自己有些什麼新的

看法及感受，記住，家庭重塑並非要評斷任何一個人的功過，而是要學習提高自己的自我價值感。因此，若是你對自己的信心開始提昇，感受到自己的潛力及存在的價值感，那麼你已經開始捕捉到這些活動的真意。希望你更能用這些眼光看周遭的人與事，常常留意別人的自我價值感，尊重每個人的獨特，並且相信自己是處於天地之間，擁有豐富資源的完整個體。

第 三 部分

實務者的溯與塑

家族歷史與心理治療

☐ 家庭重塑在台灣

　　民國七十四年的冬天，台灣心理衛生界的精英群聚在陽明山，等待著令人興奮的一刻：國際級的心理治療大師薩提爾（Virginia Satir）即將出現在這「家之生工作坊」（Family Growth），親自示範她風靡世界的治療風格。

　　用「風靡」二字雖然好像在形容演藝人士，對於一向嚴肅的專業殿堂恐有不妥，但是對薩提爾女士來說，這正是對她專業光環的最佳寫照。因為比起其他的治療學派，薩提爾的魅力就在「雅俗共賞」，能用最淺顯易動的方式，將複雜的心理與家庭動力理論，介紹給各種領域不同文化的人士。就如同當時也在現場參與的東吳大學李瑞玲老師，就曾經在「薩提爾治療實錄」一書的譯序裡描述過對薩提爾女士的睿智，與其輕易跨過東西文化界線的功力的感歎。

　　在我自己的認知中，吳就君老師是將薩提爾其學以及其人帶進台灣的最重要關鍵人物。她曾在 1975 年的歌本哈根與薩提爾相遇在工作坊中，吳老師亦經歷了跨越國界的感動與愛。

　　其實早在民國七十年代吳老師就帶著精神醫療領域中的各個英雄好漢研習心理劇和家族治療。現在一些重量級的資深臨床工作者，像是：楊培、萬心蕊、陳歆、呂旭亞、鄭玉英等等都曾受教於吳老師。當時吳老師可說是薩提爾的最佳詮釋者，她除了瞭解薩提爾的方法外，自己也有一種迷人的專業風格。

　　1988 年薩提爾過世後，由於台灣呂旭亞老師的熱心，成立了台

灣的「薩提爾中心」。同時在香港友人沈明瑩老師的協助下，瑪麗亞・葛茉莉（Maria Gomori）和約翰・貝曼（John Banmen）兩位薩提爾老友，同時也是薩提爾模式的資深訓練師，開始陸續地每年來台灣（直到今日），主持「家庭重塑」以及「薩提爾模式」的工作坊和訓練督導課程，為更多台灣的心理衛生與家庭工作者紮下相當完整與系統的薩提爾派的專業基礎。

重塑台灣的家庭

　　家庭是一個整體，傳統的家族更是一個旁大的組織，如何讓這整體的組織能夠「永續經營」，似乎是大多數的東西方傳統家庭精神所強調的價值觀。從儒教的「傳遞香火」到「舊約」中上帝對亞伯拉罕的許諾，都在這「永續經營」的價值中，兢兢業業。所有的男人、女人、大人、小孩都應以其為最高的生活準則。在此準則下，家庭中個人生涯發展的路徑，也終究需要回歸到這「神祖牌位」前論功行賞，悔罪救贖。

　　傳統的本土家庭重視家族與社會的關係，強調孝道的精神，因此個人的榮辱發展，與整個家族的名譽聲望是不可分割的。在此「息息相關」的家人關係中，個體的志趣與情感往往需要妥協與折衷才能維持整體的平衡。在本土的家庭工作中機乎隨時可見個人為家族過份犧牲委曲的故事，或是奮力掙脫「家鎖」的戲碼。經常這些家庭劇本的結尾是「平安」地維持了一個家族的完整與穩定，但是也藏著不少個人事業愛情和人生的悲劇。早在「五四」時代中國的青年知識份子就有這樣的感慨，像是傅斯年在「新潮」創刊號中的文章中，就對中國家庭吞蝕年輕人的事業心與道德感發出深切的

家族歷史與心理治療

歎息，並且感慨中國人因為遷就家族，而失去了自己。

　　然而八十年後的今日台灣年輕人是否也有如此的告白？

　　家庭重塑在人本主義與個人主義的意識形態下，薩提爾對「家」的詮釋當然迥異於傳統的家族思想。透過這些年台灣薩提爾追隨者的專業工作，也將一種對人與家庭新的信念，傳播在本土的家庭文化中。這些與傳統不一樣的個人與家庭觀念，雖然還不是洪流，但是總影響到一些人和他們的下一代。

從傳統的黏結到現代的分化

　　家人彼此相愛卻也彼此受傷。容易受傷正因彼此相愛，期望對方重視自己，希望家人如己所願。不管是罵對方也好，勸對方也行，一切都只是在乎對方，也希望對方在乎自己。在這種愛的實踐下，家人互相背負著彼此的情感，也糾葛著彼此的情緒，使愛沉重使愛窒息。

　　薩提爾的家庭重塑是一種「分化」的心理衛生觀念，認為越是相愛的人越要學習分化，才不會愛到沒有界線，愛到失去主體性，愛到缺乏自我，而終日活在失愛的焦慮與被愛控制的恐懼。

從隱忍文化到一致性的學習

　　誰都有經驗：因為太在意對方了，才不能說心中的真正感受，尤其是一些負向的感受，會傷人的感受。

　　誰都遇到過：把內心的想法表達出來後，卻把事情越攪越糟，越弄越大。

因此為了不傷害彼此，「息事寧人」雖然不是很好，卻是不得已，但也只能有如此的座右銘。因此我們每一個人在家中很早就學會了一種「家庭政治學」：

　　每一個人依其角色，說該說的話，或是不說不該說的話。

　　每一個人依照時間，說該說的話，或是不說不該說的話。

　　每一個人依照場合，說該說的話，或是不說不該說的話。

　　久了我們就學會什麼時候該隱忍，才能維持家人的和諧；什麼時候可放肆，才能展現自己的影響力。這是一種政治正確，也是一種屬於「政治」的智慧。

　　古人治家早有「三箴其口」慎言之誡。

　　而在傳統的教誨中我們學會「沉默是金」的道理，「隱忍文化」是為男人、女人、大人、小孩共同遵守的。彼此相敬如賓，變成夫妻共處的最佳祝福與期許。在一個人際極其複雜的家族關係中，以「隱忍」為主的「家庭政治學」成為大家必修的課程。雖然不一定每個人都修的很好，但是這門學分成了個人「修身、齊家、治國、平天下」的能力指標。也因為有此共識，所以也成了維繫整個大家族甚至族群之間的穩定與整體的和諧。

　　「五四」期間青年知識份子，曾把這種以「隱忍文化」為主的「家庭政治學」稱之為「奴化」，尤其對被「隱忍文化」要求最高的婦女深表同情。但當時具有覺醒意識的五四青年們（以男人為主），在論述自主性可貴的同時，一面努力的掙脫「家鎖」的控制，追求自己高尚的靈魂；卻一面將家族替他安排的女人，像人質般留在深宅大院中繼續「隱忍」著。

　　二〇年代的中國，在動盪的文化環境中，結了多少家庭倫理與兒女情長的恩恩怨怨，如今都成了小說家筆下動人的故事。像是在

　　　　　　　　　　　　　　家族歷史與心理治療

台灣熱門一時的「人間四月天」與「橘子紅了」，就是明顯的例子。

進入新紀元的台灣，不知還有多少人在繼續以傳統的「家庭政治學」與所愛的人相處，相互地以「隱忍」共度一生。並且也期待自己的子女維繫著這千古的價值，而能為「大局著想」。但是所有的父母都做過子女，所有的老人都曾年輕，所有相許的人也曾有過獨立的靈魂，難道不會為自由的靈魂吶喊而有悸動！

薩提爾的家庭重塑帶給台灣的，是與「隱忍」的「家庭政治學」不一樣的眼光來看待「家」與「個人」間的政治。雖然她的眼光在古到今，從西到東都不能算是新的視野，但是卻又比眾多的哲學家與心理學家更平易親人地貼近「要害」。

薩提爾對家庭的政治理念就是：表裡一致。

在家中與所愛的人相處，表裡一致永遠是所有的家人內心共同的願景。透過表裡一致，我們可以真的表達彼此，真的瞭解彼此，和真的與家人親近。當然表裡一致絕不一定會解決複雜的家人間的問題，也不是所有家庭的標準答案，卻是家人之間可以共修的新「家庭政治學」。

經過多少年的耕耘，如今薩提爾模式在台灣，成了心理治療和家庭專業工作的最主流學派之一。幾乎心理衛生的專業工作者都在不同程度上受到影響，而在不同的工作崗位上，為台灣的家庭與個人的身心健康工作。本書的上半部也只不過是在這些眾多薩提爾的追隨者和學習者當中，鄭玉英老師與我的「家庭重塑」的工作心得。如今十個寒暑已過，在千禧年的反思中，重看了這些過去的心得，而心中居然有「重塑」家庭重塑的衝動。

消退的智慧：還是要從「脈絡」談起

　　人的行為如果不放入脈絡（context）中，是很難理解，甚至會產生誤解。就像是讀一篇文章不知上下文，就容易斷章取義一樣。在我們的生活中，經常發生這種「斷章取義」式的人際交往：在電梯中遇到打招呼不回禮的張太太、滿身酒氣的李先生、拎著大包小包的王小姐，都可能引發「自以為是」的論斷：不友善、不正經、愛慕虛榮等。對鄰居如此，對我們所愛的人更是如此：他又遲到了、她又忘了、他就是愛亂發脾氣、她總是無理取鬧⋯⋯。

　　如果我們不去理解「脈絡」，就很容易對自己不熟悉的狀態「斷章取義」地視為「異常」，甚至「變態」。例如：美國某些比較封閉保守的的鄉鎮，見到華裔移民的父母親為其子女「刮痧去毒」的行為，認為是種「施虐」而通報政府加以干預；台灣漢族的老師，對於原住民的父母不督促孩子寫功課，認為是「不關心孩子」。

　　所謂「脈絡」就是「見樹要見林」。任何一個現象的發生，一定有其「環境」、有其「背景」、有其「淵源」、有其「歷史」。若將任何不合理的「行為」，放入這「脈絡」時，就會如同「拼圖」般有了「恍然」的理解，甚至同理。老師對於經常遲到的學生，如果沒有「放入脈絡」的動作，充其量也只是對學生多了些「斷章取義」的觀感；父母對於孩子的晚歸，如果沒有「把圖拼起來」的動機，最多也只是對孩子下了「自以為是」的理解！

　　一棵樹長什麼樣，結怎樣的果，都與這片林息息相關。林子的整體早就把這樹，該怎麼個「樹」法「算計」在內了！然而這「算

　　　　　　　　　　家族歷史與心理治療

法」還真複雜，無以計數的系數，配合著更大的整體生態的「算計」。

在古老文明觀念中，早就瞭解這道理，相信人只是滄海一粟，配合著「天道」的運行，而有個人不同的命與業。聖經寫的：生有時、死有時、栽種有時、收割也有時。人要瞭解自己只是大自然運作的一部分，並且是不能也無法與之相違背的。然而當我們的歷史走入不同的「知識意識」時代後，這種觀念就被視之為落伍，並被冠上「宿命」的帽子，代表了消極、被動、迷信、落後和不科學。對於一個急於想「人定勝天」的時代裡，「鐵達尼號」式的驕傲存於精英份子的心中。在歐洲，佛洛伊德與他的愛徒榮格分手；在亞洲，五四運動的「知識分子」與自己的傳統文化決裂。都宣示著：做為具有推動世界進化使命的「精英」，是不容許這種古老的「不科學」，參雜在嚴謹的邏輯與實證中。

這種現代的「知識意識」，影響深植「知識分子」心中，於是在生活中到處可見「實証主義」的論調：「證明給我看有上帝，我就信！」「怎麼有人相信星座這種事！」「風水的說法太迷信了！」其實古老的思維裡，常是一種「非邏輯」但很「脈絡」的訓練：把任何的現象放入自然的整體去理解，而相信「人」並非真正的獨立個體，只是萬物的一部分（或是上帝計畫的一部分）。這樣子的思維，很容易使人「謙卑」於整體，或「遜服」於環境文化。當然這些德性，在尼采之後，都被打入地下室；「五四」之後，都成了「奴化」特質。

心理治療專家的胡同

　　歐洲的啟蒙運動之後，不但將人的思維，帶進笛卡爾的實證主義所謂的「科學」，也想要建立起以「人」為中心的「知識意識」，而告別「神權、君權」。因此開始了「專家權」的輝煌時代，無數的專家以其優秀的科學訓練背景，和過人的聰明才智，在這廣大的「專家國度」裡宣告著「真理與道路」，指示我們該做什麼，才能得到幸福健康與快樂。每天打開電視頻道，都可以見到不同的專家出現，評論著各種議題、強調著各樣真知。多年以來對專家這種角色我們早就習以為常。雖然一般人不完全理解他們的語言，但反倒帶來一種神聖性，而使他們的威權更為提高。

　　一百多年以來「專家」們用科學的方法，除了企圖揭開大自然的面紗以外，更嘗試以其所認知到的角度理解「人性」。因此佛洛伊德將人性看成「本能迫力」與「社會約束力」兩大勢力間衝突矛盾，與尋找平衡的可憐蟲；馬克思將人性視為不斷在生產與剝削間鬥爭下的經濟動物；行為主義理解的人性，只是受到環境制約下的習慣性行為的組合；到了「人本主義」發言的時代，又把「人性」高舉起來，相信人有無限潛能，並且是趨善的；現在更有「專家」相信「基因」與「生化」對「人性」具有絕對性的影響，因此個人的從善或墮落基本上是「道德基因」的作祟。

　　由於「專家」對人性探求的慾望，擴展到改變人的生活之企圖，因此造就了許多「應用性質」的專家，將一些專家的知識，建構在人的生活中，以便使得人能夠活的更合理與更合宜，更幸福也更理想。所以現代社會有婚姻專家、家庭專家……等等。還有以人

道立場為出發的助人專業領域，來解決我們的身心困擾，幫助我們活的更理想。（更正確的說法是：符合專家以為的理想）

□跨文化與多元文化

在助人專業領域，尤其是與人文現象有關的心理諮商治療、社會工作處遇，對「跨文化」的重視與討論是相當重要的。跨文化的議題關心的是，來自不同的文化背景的個體，要相互瞭解與信任才能合作。其間遇到的種種困難與障礙，例如；語言的溝通、非語言的溝通、符號的詮釋與意義、價值信念等的差異，都是需要克服的。大多數心理治療的教科書，都會強調對文化差異需要抱持著尊重與敏感的態度，一面需要具有臨床的洞察力，一面又要足夠的自我察覺力，來平衡治療的評估和文化刻板間的差距。因此跨文化的諮商治療工作是極具有挑戰性的。

薩提爾的著作與工作在其生前，早就進入跨文化的境界。而其所傳揚的「薩提爾信念」似乎以不再只是以高加索文化為主流的，西方白種族群能瞭解與接受的，不同的地域文化也在被「洗禮」。對喜歡薩提爾的人來說，這實在是件值得驕傲的事，因為這代表了「薩提爾模式」是國際化的品牌。

其實我們相當驚訝薩提爾本人是如何能夠有如此豐富的文化知識來瞭解各種不同的文化？但是更值得注意的，是薩提爾的工作中所持有的跨文化觀：人性有所謂的「本質面」，而且是不分文化與族群的。

我無意批判薩提爾個人的治療信念，但是在「跨文化」的思維中，經常是以瞭解不同文化背景做出發，然後再假想有一個能跨越

不同文化，叫作「本質」的東西，將活在不同情境的大家串起來。如同孔老夫子所言：「雖蠻貊之邦行矣」。因此只要認識了這「本質」，就可以「放諸四海皆準了」。

但若以「多元文化」的角度來思考助人專業領域中一些理論模式的「跨文化」現象，恐怕又有更多的議題值得省思，尤其是一個以優勢文化背景的人文產品，要「跨」到另一個相對弱勢的文化裡，處理其間的人文問題，所產生的「後殖民」現象。在所謂「尊重不同文化」的論述中，通常主流的優勢文化，會把非主流的文化當做探討或瞭解的客體，來尋求「異與同」的軌跡，卻較少把自己當做瞭解的對象，反思與非主流的弱勢文化中，「異化」的後設價值中之「意識型態」，而進行改變和調整。國內社會工作學者馬宗潔在其對台灣原住民文化研究後（「非原住民研究原住民」，2001），有對在主流文化中的工作者的反思，做為關心「多元文化」議題提醒與參考。

她認為在以原住民為研究對象時，大家都知道要離開「大漢沙文主義」，才能真正的關注原住民文化，但是這其實是一件相當不容易的事情。因為當一位工作者自身的世界觀與主流社會越一致時，要去瞭解其他的文化就越困難，有太多「理所當然」擋住了他的視野與觀點。所以她認為撕開傳統中理所當然的意識型態，才能有開始認識原住民文化的機會。

當薩提爾的信念與工作被「模式化」後，在不同文化中重複地被不同的治療師使用在不同的情境與族群時，「薩提爾模式」的國際化就有引發爭議之處。「薩提爾信念」藉著本國與外國的家庭教育對台灣「家庭文化原貌」的誤解與破壞，似乎也值得我們探討與注意。

類似這種爭議已發生在「漢族文化」對「平埔族」「高山族」文化的破壞；美國與中東世界的誤解與紛爭；傳統精神醫學對特殊人口的病理化，而也不斷發生在中產階級與弱勢族群間、專家文化與民俗次文化間。傅科認為權力可以創造主體性，而權力與控制的關係又是無所不在，因此個體的主體性是被不同的權力創造，而失去了自我詮釋權，除非個體擁有權力。從「權控」的觀點和已發生的文明現象，我們有理由對「薩提爾模式」的「跨文化」與「國際化」有所批判、甚至憂心。

　　當然「後殖民」論調的死胡同，就是會激起狹隘的「族群主義」、「地域主義」和「民粹主義」，而變成反殖民的意勢形態的論戰。而「後殖民」論調的出路，我認為是在批判反思種種文化殖民的現象後，解構原本的權控關係，抓回自我主體的詮釋權；重視由本土文化所產生的知識來詮釋本土人文現象，甚至外來的知識。

普同性與多元性

　　主流文化，尤其是優勢的主流文化，經常在探討現象理解問題的過程中，尋找到跨越文化的「普同性」；找到「普同性」的價值，「普同性」的標準，「普同性」的典範就可將複雜的多元文化化約成最簡單位，以方便理解，甚至方便干預。

　　薩提爾的「普同性」假設例如：

　　人是自由的

　　人是自主的

　　所有人的問題都與自我價值感有關等。

　　這些都是西方世界從希臘時代就有的觀點，而預設了無分文化

族群情境都有這種普同性，而再以這種普同性所切割的標準，來理解不同文化所發生的家庭與個人的苦楚與困擾。如此一來就「邊緣化」了其它理解與看待問題的角度。例如：台灣傳統文化理解夫妻之間的折磨為「相欠債」，而懷抱「償」的意念，來度過苦楚。若以「薩提爾模式」的「普同」眼光，很容易認為這是「低自我價值感」的個體，懷抱著「低自我價值」的信念，而認為自己理當受此折磨，不願意自我改變。當然這種說法比宿命的觀點，更容易被現代知識體系所接受，但卻無法被具有草根特質的「苦主」所理解。於是「家庭重塑」的工作到底是要帶著專家的「知識權」，來開導這些苦主，以我們認為的「普同性」（自我價值感），來看待別人的問題，還是尊重他人的文化原貌，以苦主的知識體系來理解他的問題，再以他的知識體系「重塑」他的問題。

有些文化可能根本就沒有「自我價值」的問題，因為他們本來就沒有「自我」這個概念。就如同電影「上帝也瘋狂」中的原住民，因為沒有「罪」的概念，所以也無法討論「認罪」這個問題。但是電影中的原住民雖沒有「罪」的概念，卻在道德勇氣與毅力上比起主流文化毫不遜色，甚至更為堅持，因此才引發一連串連「上帝也瘋狂」的故事。

在我個人以為：台灣的本土文化中看待人與生命，與外來西方個人主義為主流思考的心理治療領域，有許多不同的地方。例如：

比較草根的　　　　　**比較外來的**
人是屬於環境的　　　　　人有獨立自主的需求
人的自由是有限的　　　　人要追求自由
人很難為自己負責　　　　人能為自己的生命負責

但人可為別人負責	但人不該為別人的生命負責
但是苦是必然的	生命是受到祝福的
苦是因果的	苦是主觀的
苦是不能表達的	有苦就要表達出來
但是苦不是病	許多苦都是一種心病
苦也不是問題	苦是問題所以該解決
苦更不是偏差	快樂才是正常
苦是一種難以理解的業	苦是一種可理解的病理
苦是一種補贖之道	健康快樂才是生活之道
苦也是一種修練的法門	改變才是一種成長的路徑

　　在社會科學界有越來越多的聲音，在反省與檢討國內的「知識移殖」的適切性和危機性，其中牽涉到不只是狹隘的地域認同，更是一種難以預知的災難。例如國內政治經濟學者吳若予教授在「為什麼不本土化－普同性社會科學觀的檢討」中，就認為西方知識是隨著美國強大的政經力量進入台灣，經過國內知識份子的複製，沒有顧及到這些西方知識涉及到「使用對象的身心狀態問題」，因為使用者的背景不同也就存在著「預設值」上的衝突與矛盾。

　　台灣的家庭重塑要擺脫殖民知識的色彩，就需要在瞭解薩提爾模式中的普同原則，不把這些普同當作信仰。而將其視之為多元文化的一端。原本那些不經批判獨大的思維模式，可以轉化為符合我們生活中身心狀態的知識基礎。

　　以下是「薩提爾模式」的「普同原則」的一些舉例：

　　1.改變是有可能的，即使外在的改變有限，內在的改變仍有可能。

2.我們有許多的選擇，特別是面對壓力作出的「適當反應」，而不是對現況作出「即時反應」。

3.治療的主要目標是為自己作出選擇。

4.問題的本身不是問題，如何面對問題才是問題。

5.「一致性」與「自我價值感」，是薩提爾模式主要的治療目標。

傳統心理治療專業背後的知識哲學經常是建立在類似薩提爾模式這種以中產階層與精英份子的「普同性」假設中，然而這些假設也是需要辯証，而不能照單全收的，例如：

一、人是自由的

可是人受到環境、文化、家庭、個性、身體條件、基因遺傳、內分泌、睪固酮的限制，可以自由自在的空間實在不多！

二、人可以選擇

可是選擇是需要選項，以及對選項的充份認知，才能算是選擇。人既無法算計出自己有那些選項，又無法對選項有充份完整的理解，與其說是選擇，不如說是碰運氣！

三、人要為自己負責

可是人既然只能在極為有限的自由空間中，對極為有限的選項做極大的想像；而極大的想像中，又受到環境、文化、身心條件的限制，人還要為不是選擇而來的「運氣」負責任嗎？

四、人是理性的

可是很多的時候其實我們也是受情感支配後，再合理化自己的行為。

五、人要活出自己

可是我已經在活了，難道不算是自己在活嗎？人不是自己，人是萬物系統中的一部分。人創造了「自己」，來澎漲人的意義價值，彷彿是泡沫般虛幻，無視於整體的意義與價值。到底「自己」（Self）是文化的建構還是專家的建構？

如果我們的假設是人不自由，人很難選擇，人不甘願負責，人常情感化，人只是萬物和老天爺計劃的一部分，而沒有「自己」，那麼我們的工作該怎樣幫助人？馴服？認命？還是要努力改變我們在文化中所體認到的，而去學習相信另一個優勢文化（中產階級、專家，以美國為主的西方世界）所認為的，即使其與我們的生命經驗不一定共鳴。

治療觀與審美觀

現代的「人性專家」不只是想要瞭解人，更想要改變人。就如同「大自然專家」一樣，不只是要認識「大自然」還想要「征服大自然」。「心理學」的後產品─「心理治療」、「心理諮商」就是這種以「改變」為目標的的專業。自前佛洛伊德（Pre-Freud）始，就有這種「治療靈魂」（Psyco-therapy）的野心。經過百年來的努力，即使已經把「治療靈魂」（Psyco-therapy）的野心，縮小成

「心理治療」（Psychotherapy），成果卻仍不太樂觀。正如美國心理治療學家派克（Scott Peck）所言：「對於心靈是如何康復的，我們其實所知甚少！」資深的心理治療工作者都會漸漸的接受：「我們沒有辦法改變人性，也很困難改變人格！」而視這種無耐為「專業限制」。

派克認為心理的康復是一種「奇蹟式的恩典」，而這種恩典，只要用心體會，幾乎無所不在。當然這位有基督信仰背景的精神科醫生的說法，絕非治療界的主流。就如同容格相信「同步」現象的存在，認為「同步」是一種靈性的奧秘這種說法，主流的治療界雖無法否定，但卻也從不積極的回應。聖經上說：「萬事諸相效應」這句古老的智慧之語，就是用「脈絡」式的思維理解「康復」。道德經：「我無為而民自化」的改變觀，則又是一例「順應天道」的忠告。

心理治療非但無法改變人性與人格，甚至對他們所認為的病灶──童年創傷經驗，也無法改變。因為透過治療，根本無法把過去已經發生的不愉快童年經驗抹去，而只是嘗試著幫助「當事人」探索與覺察，然後透過情緒的「淨化」，後鼓勵「當事人」重新做決定，以改變過去在傷痛中習得的心理模式，而非創傷的經驗。這其中最大的假設是：人可以按自己的理性，去決定自己的心理狀態。然而我們遇到的許多「當事人」，都有聖保祿的感慨：「立志從善由得我，行為向善卻由不得我！」現在的治療師，恐怕會把這種「依靠天主」的洞見，視為「抗拒改變」的呻吟，而判斷保祿心中還有不少的灰塵（像是未完成的經驗、未處理的情結等）需要察覺，該來接受更多現代心理學的治療才能改變，若還不能改，那就是保祿自己對「改變」的抗拒了。

雖然薩提爾模式的家庭重塑在心理治療的領域中，並不一定強調其治療性，而比較願意以成長的角度來定位。但是不可否認的，從薩提爾的「自我價值感」的觀點到「冰山理論」，其看待問題的眼光仍然有其對心理病理和環境病理的知識架構。以此西方普同思維的病理架構，若是再將其視為典範，那麼顯然的對於其它的弱勢文化有相當不利的誤解，例如：強調整體忠誠的鄉土文化，就會被診斷為「不分化」的家庭；喜愛輕鬆與歡樂氣氛的原住民文化，就可能被分類為「打岔」的壓力反應模式。我們不知道全世界不同文化的家庭和個體，如果都被「薩提爾化」了後，變得更分化、更一致，是否身心都會更健康，但是比較確信的是有人就不喜歡吃麥當勞的薯條，而比較喜歡吃冬天街頭的烤地瓜。

　　其實有許多地方文化的現象，從某個角度來看還真的很美，而這種美的品味，又是非常地方性而不國際普同的。例如：台灣作家蕭麗紅在「千江有水千江月」中描述的「閹豬」的笛聲，我相信不少曾過鄉村日子，四十歲以上的台灣人，看了書中的描述心魂都會顫抖。

　　而蔣捷的一首「虞美人」所表達的「悟」，又豈是另一文化信仰的人所能體會的意境：

　　「少年聽雨歌樓上，

　　　紅燭昏羅帳；

　　　壯年聽雨客舟中，

　　　江闊雲低斷雁叫西風；

　　　而今聽雨僧廬下，

　　　鬢已星星也，

　　　悲歡離合總無情，

一任階前點滴到天明。」

再如同我們聽美國的民歌手 Simon 與 Garfunkel 唱的「The Sound of Silence」，除了欣賞它優美的二重合聲外，還非得要體驗到六○年代美國社會的動盪，才能進一步感受到，這首動聽歌曲背後年輕人鍼砭時敝的痛苦與徬徨。

其實如果在家庭重塑的工作中，工作者能把薩提爾式的普同原則，不當做個體與家庭健康與病理的評比架構，而多增加一些審美的眼光看待種種人性的掙扎與糾葛，還給當事人文化的主體詮釋權，不企圖使當事人更分化、更一致、更自主，而使當事人更覺得他的家與文化歷史有值得欣賞的美感；不把家庭重塑當作治療和改變的工具，讓家庭重塑只是一個舞台劇場，將一齣齣動人的故事表現給觀眾。於是家庭重塑就更藝術、更多元、更適合不同的個體與族群了。治療性或成長性的工作講究改變，審美性的工作在意的是主觀的美感，與互為主體式的共鳴，或是多元角度的賞析。至於成長不成長、改變不改變似乎是一種隨緣，也是一種釋然。以審美為主要目標的家庭重塑，放鬆了改變的工作意圖，使當事人、工作者、角色扮演者和觀眾，更不計較效果的體會欣賞感受到家庭的文化歷史和家人心情故事。

道德經：為學日益，為道日損。
　　　　損之又損，以至於無為。
　　　　無為而無不為。
　　　　取天下常以無事，及其有事，不足以取天下。

虛擬「台灣家庭重塑」

後現代的文學作家認為，當作者將作品成為商品釋出後，作者的原義已死。怎麼去理解作品的意義，怎麼去使用作品的意義，完全是身為消費者的讀者的權力。而不同的讀者因其不同的文化脈絡，選擇了其最佳的理解（或誤解）與運用（或誤用）。此時理解與誤解，運用與誤用的判斷，作者的叫囂只是眾多聲音之一罷了！

薩提爾已逝！在其生前和生後不知有多少人理解了薩提爾模式，多少人運用了家庭重塑，形成了薩提爾模式的許多面貌（薩提爾曾有一書叫作『Your Many Faces』），而在台灣也有不少的人在這「面貌舞會」（薩提爾模式的工作有一活動叫作『Parts Party』）中起舞著，而建構出的不再只是「薩提爾在台灣」，而更是「台灣的薩提爾」，和「台灣的家庭重塑」。

以下是幾個突顯台灣歷史文化中，多元與審美的虛擬家庭重塑。選擇用「虛擬」的家庭故事，和「虛擬」的重塑工作是因為：

1. 鄭玉英老師與我在台灣工作了多年，聽了許多的故事，但早忘了是誰的故事，故事的真實情節為何，和當時我們到底做了什麼。

2. 「虛擬」的故事不是任何人的故事，只是基於我們對過去工作累積的「共相」。其中情感因素大過於「殊相」的史實，但是對於一個多年的工作者來說，沉澱下來的往往就是這些似幻似真（故事是幻的，情感是真的）。難道「家庭重塑」的工作引導著探索者角色扮演者和觀眾進入的體驗，不就是這種「似幻似真」嗎？

3. 因為是「虛擬」，所以更可以將我們對「台灣家庭」與「重塑工作」的「想像」，不拘泥地表達出來，而使讀者更容易看到我們對「台灣的家庭重塑」願景。
4. 套句後現代治療的名言：「每一個困擾就是一個故事，治療則是另一個故事；人生也只不過是一個故事！」

雖然以下的故事都是虛擬的，在意的是情感而不是情節，但是，仍想對所有曾經一起在家庭重塑工作坊中走過成長路的台灣朋友致上謝意，謝謝你們讓我們的人生豐富，並且充滿回憶。

父親的鄉愁

曾為梅花醉不歸，
佳人挽袖乞新詞。
輕紅徧寫鴛鴦帶，
濃碧爭斟翡翠巵。
人已老，事皆非。
花前不飲淚沾衣。
如今但欲關門睡，
一任梅花作雪飛。
（朱敦儒「鷓鴣天」）

志強心中感覺爸爸像個謎，每次想靠近他，開口說個幾句問候語，兩個男人就詞窮了，越長大越覺得爸爸是個孤單老人，連自己也離他大老遠的，彷彿有座山擋著似的。

本來日子也就這樣過了，然而當自己婚姻觸礁後，越發覺得老爸的孤獨。當看到年邁的男人，落寞地盯著電視看了一整天，彷彿像是自己未來的寫照，就越想逃離這種詛咒。以前小時候曾立志要做一個跟爸爸不一樣的男人，可是過了四十以後，卻覺得自己和老爸越來越像了：枯燥的婚姻、一成不變的日子，好像一個翻版！而也是心中這種對「翻版」的恐懼，使得自己做了一個連自己也難懂的決定：「離婚」。到現在已經兩年了，前妻忙小忙大得似乎愈過愈好，反而自己還像個「魂」似的，飄啊飄的！飄到了「家庭重塑」工作坊……。

　　志強說：我老爸是個性情陰沈的人，小時候對他最深的印象就是他一個人坐在客廳的角落裡抽菸看報，整個人籠罩在雲霧當中。有人跟他說話他總是有一搭沒一搭的，久了媽媽許多事情就不再問他，自己作主了。媽媽倒是個開朗的人，十分健談，常常帶著志強到鄰居家去串門子。一夥人納涼聊天就屬她話最多嗓門最大。媽媽對爸爸大概也死心了吧，常跟人說「志強他爸爸是悶葫蘆，一個扁擔也打不出一個屁來」。顯然媽媽不滿意爸爸的沈默，至強心理偷偷覺得媽媽這樣說爸爸很不好聽，但也跟著大夥兒笑，心中卻有點擔心坐在家中的爸爸，大概是男孩子吧，常常偷偷渴慕親近爸爸，卻覺得困難極了。

　　家塑之前，志強為了蒐集資料硬著頭皮找爸爸聊天，說是要交功課，探討家庭歷史。令他驚訝的是爸爸話匣子一開，把陳年往事都搬出來了，一連談了兩個小時，也許爸爸也從來不覺得兒子會對他的故事有興趣吧。這一回談話倒是拉近了父子的感情。

志強的「家族故事」

爸爸東北的老家是在縣城裡最大的一條街上開糧行的，曾經生意好到需要雇上十來個身強力壯的小夥子來回招呼著。在城裡只要提起「榮記」沒人指不出來在那兒。鄉下人要是第一次進城，都以他家店鋪當地標似地約著在門口見面。這條興盛了好幾代的走馬大街，連「偽政權」時還維持著尊嚴，雖然年頭不對，已不似往昔繁華，但也還人來人往熱熱鬧鬧，畢竟「鬼子」也要做生意。

街坊鄰居都是老店面，常常有來有往的，誰都知道才十來歲的「榮記」三少爺考進了省城的洋學堂，大家都傳著：榮家過幾年就會出個喝洋墨水的「縣太爺」了！雖然時機不對，可是三少爺的「講究」可從來沒馬虎過。到放假，只見年輕人穿著黑呢長大衣、揣著厚皮書走在大街上，不知羨煞多少人家。

好不容易巴望著「抗戰勝利」，民國三十四年東北卻被「解放軍」接收。夜裡挨家搜戶清查特務，此時讀過「洋」學校的三少爺，為避瓜田李下之嫌，連夜逃到天津，輾轉向西，卻在半途給國民軍「拉伕」。對十八歲的三少爺來說，這未嘗不是件不幸中之大幸，起碼跟著部隊走不會吃些兵荒馬亂下的悶虧。可是當部隊一路南下，來到蜀漢之地，三少爺已經知道離家越來越遠了。而前方告緊，家鄉音訊渺茫，又無法捎些支言片語報平安，三少爺只好一個人硬著頭皮，緊跟著部隊到了台灣 ─ 一塊想都沒想過的土地。那年是民國三十八年。

跟家人失了聯絡的容家三少爺，多希望能看到失散的親人，盤算著回家的日子，一心只想著早點「反攻大陸」。本來從來沒把台灣這小島放在心上，可是日子卻越晃越久，「家」的感覺在心也就

越埋越深。有時好怕想起它，有時又好怕忘了它。那年中秋有老鄉趁著酒意哼著「淞花江畔」，簡單的幾個音符卻讓這位落難公子完全心碎了！

在軍中沒人知道三少爺，倒是「老容、老容」地叫得熱呼起來。沒能仗著自己的家勢，全靠著肚子裡的一些「墨水」，漸漸地也混開了！雖然沒打過仗，但是辦起參謀總務來挺俐落的，尤其從小家中開糧行見慣了場面，長官打點的事一下子就服貼妥當。在長官賞識提拔下，也不在乎是不是「正期」出身，不一會兒就升了軍官。後來運氣不錯跟對了人，從軍職轉任公職，雖然不是「縣太爺」，但是也在「省主席」下，真的當了「芝麻綠豆官」。

對「家」的心情是矛盾的，想要一個「家」，又怕自己有了「家」，就不要了遠處的「家」。在這樣的糾葛之下，老容成了自己的「家」。民國四十五年，認識了在「機關」上班的「阿美」，中部海邊的女孩，純樸地梳了個大馬尾，不像在應酬中見到的外省女孩般「作怪」。三個月後，年近三十的老容，一如當年毅然決然地離鄉背井般，做了快刀斬亂麻的決定，找個勤務兵，開了吉普車，就到「沙鹿」提親了！雖然準丈人滿口答應，但是「阿美」的媽，只當是女兒要嫁給「老芋仔」，福禍難卜難過地號啕起來！老容見狀，心頭不是沒有疙瘩，而暗自地發了誓：非要讓阿美吃香喝辣過一輩子，好叫這個鄉下老婆子見識一下，自己的女兒是修了幾輩福，才攀上了「容家三少爺」！

婚後的日子倆人過得並不太順利，阿美不喜歡官場應酬，老容卻覺得要教她見見世面，像是個「容家媳婦」。阿美持家甚簡，非有必要絕不花費；老容卻成天講究排場，出門不是派公務車，就是坐「三輪車」。每到回娘家，倆人一定會大吵一架，老容非得阿美

穿金帶玉，再做個四輪轎車回去，才不會丟「容家」的臉；阿美深怕鋪張奢華，被鄰家說閒話，說她爸爸是因為貪圖錢財，才把女兒嫁給「老芋仔」，所以寧可脂粉不施的，頂個身孕，坐客運一路晃回家！這樣的日子久了之後，吵也吵煩了，孩子也一個個生下來。倆人日子，像是各過各的，一個成天應酬，一個足不出門。平常也只有一些簡單的對話，免得惹彼此生氣。

　　民國五十八年退出聯合國，民國六十七年中美斷交，老容心中的夢碎了，鄉愁卻更深了！轉到「省府」的仕途越來越不順，政府用人的政策改採「本土精英」，許多後輩被破格任用，紛紛爬到了上頭，不是成為自己的長官，就是變成長官的紅人。從前眼中的「老土」，成為現在的「新貴」。官場的氣候換了，應酬的氣氛也變了！老容發現自己的鄉音，竟然與席間流利的台語有些格格不入；或許是自己太敏感，但是在杯觥交錯之間，少了同為鄉愁的安慰，使得老容更為意興闌珊……。

　　淡出之後的老容，發現在自己「家」中感受不到「鄉」的感覺。面對都在本鄉本土長大的妻小，自己彷彿是個「異鄉客」，總有種淡淡的「鄉愁」，阻隔了與家人的親切。直到民國七十六年開放探親，正如同他當年隻身前來這個島，老容如今也是一人踏上「回家的路」。也不知道在「歸鄉」中發生了什麼？回來之後的老容變得更沉默，只知道容老爺子早在文革就走了，「容家」成了「黑五類」…。那條「走馬大街」還存在著，只是「容記糧行」早就改建成國民公寓，住著姓張的、姓李的…，就是沒有姓容的。

志強的「家族劇場」

　　導演根據志強的描述，讓那條大街出現了，這回團體室夠大，

人夠多。賣油的、綢布裝、中藥行、還有最後一家「容記糧行」。一些小攤販，順著一條象徵馬路的白色長條布幅，在兩邊擺設起來，一個彪形大漢扛著一袋子大米吆喝著走過來，後面從容走著的是容老爺子，街坊紛紛向他道賀：

「容老爺子，恭喜！恭喜添丁啦！」

「容老爺子好福氣，又生個胖兒子！」

導演邀志強扮演容老爺子，也就是自己的爺爺，腼腆地道著謝，應景的說：「滿月了，請大家喝酒！」。

雖是虛構的場景，大夥兒仍然在導演的安排下跨越了時空，回到志強父親出生時的家。

接下來導演用「雕塑」的方法，呈現出容家又添了一個弟弟和一個妹妹。旺盛的人氣、幸福的家庭，安居樂業的平凡百姓，在家塑場景中出現時，讓在場同為中國人的我們感受到上一代曾經擁有過的富裕。導演請志強演不到十二歲就離開家去唸書的爸爸，容家三少爺。臨行前容老爺子交待了這容家三少爺一番話：「容家總要有個唸書當官的，做生意雖然生活容易，但是不比做官，可以為祖上爭光！」少年老成的爸爸，恭敬地接下象徵祖命的黃絲帶綁在腰上。「這在戰亂和異族統治的歲月裡，是很不容易的使命；孩子！離鄉背井的你會怕嗎？」導演輕聲的問著演三少爺的志強「會！可是我知道我必須克服，因為未來的榮耀和成就是屬於我的！」此時場中響起音樂，像是祝福著年少老成的三少爺追尋著家族的理想；扮演三少爺的志強，就隨著音樂慢慢的走向舞台盡頭……。

第二幕開場，導演安排兩位成員拉著象徵戰爭的黑色布幔在場中奔跑，衝散了布莊、撞倒了油罐子，全場幾十人一齊流竄奔跑，耳邊響起悲壯的樂聲，推推撞撞中好多人隨著大時代的變動，分崩

流離。導演引著容家相互牽著的手，避免被衝散，卻怎麼也無法接近身在另一方的容家三少，家人呼喚著三少爺的乳名「龍兒」一聲聲的都被場中沈重的音樂聲淹沒，而演三少的志強已被人潮擠到角落蹲在地上暗自掉下淚來。這樣的戰亂與離散、驚恐與失落豈只志強家人，這是屬於中國的苦難，也是我們許多人父母所經歷的創傷。許多在劇場中的成員眼淚不聽使喚地往下流，隨著音樂，跟著人潮推擠衝撞著體驗家族歷史裡的「原創」。

音樂止在哀傷的空氣中，劇場一陣沉寂，只聽到淚水唏噓。許多成員和志強一樣，已成了淚人兒，直到有人遞來面紙，導演也才回過神來。一個成員打破了許久的寂靜，款款說出她的家族「原創」：

「恍惚中，我彷彿也見到了我的父親，年輕的他因為獲知有同學被日本憲兵隊帶走失蹤，當時在校園裡很活躍的他不敢久留，就這麼離了家鄉，撇下母親與幼小的姊。此後，爸媽聚少離多，飽受戰亂帶來的遷徙流離之苦……。」

……「民國三十二年父母抱著剛出生的哥哥在上海躲警報，又因上海危險，爸爸把妻小送到北平朋友家寄居。剛才，我好像見到天津港口，母親擠上最後一艘開往基隆的「美幸輪」，在嚴重擁擠又搖晃動盪的船上，年幼的姊姊嘔吐出了肚子裡的蛔蟲。那是一艘難民船，卻載出了我的一些親人奔往台灣與父親會合。」另一位成員也說出了她從小聽到大的故事，卻從沒像今天這樣淚流。

經過這些分享，導演再請大家回到志強的「家族劇場」，邀請志強與父親對話：

「爸爸，難怪你那麼怪，你人在台灣，心向家鄉。我現在可以了解你的失落感，你該早些說你的心事！」

「我對不起你媽媽，可是我更對不起留在大陸的家人，畢竟我不顧他們逃到台灣，而不知道他們為我吃了多少苦……。」

沒等爸爸說完，志強流著淚搶著回話：

「爸！你說將來我們不用孝順你，因為你也沒有孝順自己的父母親……過去的都已經不再了，『容家』已經在台灣了！你不能因為想家就成天活在過去，讓我覺得離你好遠……」

失落的親情，與深深的罪惡感，隔絕了父子之間的溫情。

第三幕睥場

導演安排志強站在椅子上，高處看著。然後讓演爸爸的成員背著大大的包袱，象徵著滿滿的鄉愁與沉重的歲月。爸爸佝僂著背，年華已逝的「容家三少」，如今要踏上歸鄉之路了。劇場上擺滿了起起落落的桌椅和蜿蜒崎嶇的大布條，場中悲壯的音樂旋律再度響起。時光回到民國八十年的春天，老容當年跋山涉水，現在依然千山獨行。所不同的是，肩頭背了更多償不完的情，補不盡的意。

導演在場的另一端擺了張椅，搭了帳。裡邊坐著年少的「龍兒」和爹娘，等著老容回家。志強在高處看著年邁的爸爸，堅定的往回家的路走，不禁流下淚，對著爸爸說：「加油！家快到了……」此時導演請志強演在帳中的「龍兒」，跪在爹娘前，拜別了家，踏上離家的路。在場中一老一少、一往東一往西，在背景樂聲中，對繞著走過千山萬水。老容在一端邊走邊望著龍兒，喊著：「不要怕！前方就有家了……」龍兒在另一端，對著老容喊著：「爸！加油！快到家了……」。

此時導演請另一位成員來演龍兒，讓志強再站回高處，看著老容與龍兒在場中踽踽前行，並且邀請觀眾們一起與老容或龍兒走在

一塊，場中於是多了許多沉重的腳步。有人喊著：「不要怕！前方就有家了……」；有人喊著：「加油！快到家了……」。導演站在志強旁，遞了張面紙說：「志強！這就是你我生命的根源，和生命的力量！」此時劇場放出了三〇年代的老歌「淞花江畔」。

走出貧窮

> 碧雲天，黃葉地，
> 秋色連波，波上寒煙翠。
> 山映斜陽，天接水，
> 芳草無情，更在斜陽外。
> 黯鄉魂，追旅思，
> 夜夜除非，好夢留人睡。
> 明月樓高休獨倚。
> 酒入愁腸，化作相思淚。（范仲淹「蘇幕遮」）

貧窮帶來的不只是生活困苦，金錢短缺也可能招致身家喪亡。家族中的貧窮經驗會影響下一代的金錢觀念和生活態度，如何走出貧窮的狀況，也走出貧窮帶來的心裡陰影？

建國唸書很優秀，國立大學畢了業，卻一直沒有理想的工作，兩年來換了幾個差事，都高不成低不就。眼高手低是他的問題，輕微的沮喪常在他心頭，口中卻常出批評之語，心中很想有大事業，他跟爸爸的關係壞透了。

他說：「爸爸常罵我不能吃苦，也笑我沒有吃過苦，這話令我反感，但是更難過的是他說的是對的，所以我才會像現在這樣沒出

　　　　　　　　　　　　　　　家族歷史與心理治療

息！」

建國的「家族故事」

祖父家是幾代佃農出生，蹠手胼足辛苦一輩子，長期受到地主的欺壓剝削，個性沈默地只會做著田裡的工作。雖然民國四十二年後政府推行「耕者有其田」，大部分的佃農都有成為自耕農的希望，可是養了一大群孩子的祖父，已經無福消受，就在那年的颱風中過世。

爸爸是老二，上面有個長姐，下面有幾個弟妹。祖父說爸爸是長子，自小聰明會唸書，值得供應他。縱使對靠天吃飯的家庭而言，學費是一大筆開銷，但是大家都知道「窮人」要翻身，就只有等著一個聰明會讀書的「孝子賢孫」。建國的爸爸就成了吳家的一線生機。

祖父去世後，柔弱的祖母禁不起重擊，精神有些恍忽地一天過一天。大姑「長姐若父」挑起一家的擔子，「自耕農」也當不成，只有挨家挨戶去做別人田裡的「小幫手」，晚上還要揀些爛菜野果，賺著比祖父更辛苦的錢，才能撐起一家人。家中其他孩子還小，爸爸又要念書，只有課餘，才能幫助大姑做些田裡的事。

直到民國四十八年，又是一個颱風，再次無情地打擊這個搖搖欲墜的「家」。夜裡大姑突然被連燒了幾天的「感冒」擊垮，昏倒在家中。家裡窮的不得了，鄰居賒的賒，借的借，早都成了拒絕往來戶，著急的爸爸連向鄰居借腳踏車載大姑去看病，都遭到「白目」。只好背著大姑，淒風苦雨地跑了幾哩，到鎮上醫院門口時，卻已經嚴重到等不到候送大醫院就斷了氣。

同一年夏天，「八七」水災迫使爸爸帶了一家人離開這殘破又

無情的「家園」，也成了有機會被政府照顧的「受災戶」。搬到台北後又被社會局列入「貧戶」，終於有些資源接濟，可以使爸爸有餘力靠著半工半讀撐起一個「家」，而也從此開始了他一生的「憤」鬥史。

經過了多少忍辱負重的日子，不敢辜負大姑與家族重望的爸爸，終於靠著優秀的學識與專業，為吳家脫離近百年的「貧窮」，有了令人羨慕的專業地位，擠進了精英生活，同時娶了位相當仰慕其才華的富家千金，但是「貧」這個字卻也深深地烙在爸爸的自尊心上。

建國認識的爸爸是一個偏執的工作狂，經常工作到深夜，從來都沒有輕鬆的一刻。偶爾在餐桌上見到他，都是板著臉詢問孩子的功課，彷彿除了成就以外，世上沒有別的值得去努力，而生活中的一些享受都成了罪惡。雖然有錢，但是節儉成性的爸爸最看不得人花錢，小時候的建國總聽見大人為錢吵架。「你們這些沒有吃過苦的！」是爸爸對他們最大的譴責，於是在吳家沒吃過苦，成為一種原罪，深深烙在媽媽和孩子們的身上，像是一種次等人。

媽媽出自一個富裕家庭，優渥的環境使她個性好玩。嫁給爸爸後常被冷嘲熱諷：「『好人家』的小姐吃不了苦，花費太大！」久了以後幾乎都有些神經質起來，總覺得自己實在是不會「持家」，而配不上這位「優秀」的男人。

爸爸對建國的期望很大，標準也很高。唸公立明星學校是最起碼的條件，而建國從小拼了半死，終於讀進一流學府，爸爸卻只是勉勵了一句：「不要太得意！唸這種系不會有出息的！」建國於是有把所有的大一時間花在拼轉學考，終於擠進了爸爸心目中還算有前途的科系，總算鬆口氣地玩起服務性社團來，三天兩頭的上山去

　家族歷史與心理治療

看孩子們。但是等不到畢業，爸爸又「指示」該早點準備考研究所，硬生生把他從山地服務隊給叫回來，直接送進了補習班。

大四時建國出現了身心症。有一次在爸媽面前坦誠自己覺得長期的壓力，已經身心俱疲了！爸爸以他一貫的態度訓示兒子：「就是吃不了苦！」建國終於崩潰，像是著魔的，把心中的苦悶一股腦發洩出來。媽媽在一旁掉著淚，想安慰這個飽受精神煎熬的兒子，可是望著盛怒的爸爸卻也不敢多說一句話。

自從這次「革命」以後，爸爸再也不「指示」建國了。然而父子的關係也更形疏遠，偶爾倆人有些簡單的對話，卻又草草的結束，像是彼此在迴避什麼。建國知道，爸爸對自己當完兵回來後一直沒有理想的工作，一定很失望。可是自己又真的不知道，如何能使自己抬起頭來做「好子」。直到有一個颱風來襲的夜晚，建國意外地看到直視窗外的爸爸眼眶紅了，若有所思的問建國：「山上的孩子有地方避雨嗎？」當晚建國躲在房裡哭了，這次不是為自己，是為爸爸。

建國的「家族劇場」

第一幕的場景設在爸爸童年的家鄉 ——「一塊不被天公眷顧的土地」。

幾塊黑布象徵著已被風雨摧殘的家，大姑牽著哀傷的祖母，帶著稚齡的弟妹，送走了辛勞一輩子，卻等不到出頭天的祖父。導演此時安排建國去演還只有十歲的爸爸，望著比她大五歲的長姊，聽到她口中對著天發誓：「多謝天公結束了阿爸一世的煎苦，剩下的債我會替阿爸還！」演爸爸的建國也流下了淚說：「阿姊為什麼要妳來還，妳是女生，該是我的債！」大姑摸著建國的頭：「阿爸說

你是吳家的寶，我不能讓你累壞了！」

接下來導演用幾個大抱枕，讓大姑頂著，像徵著肩頭的包袱，成天挨家挨戶地討臨工來做。這樣的日子，觀眾在一旁齊數著：「一冬、兩冬、……」阿姑拖著步伐，口中獨白著：「年華去了，卻也不敢想到自己的前途，畢竟一屋子的負擔，那家又敢要！」觀眾繼續數著「三冬、四冬、……」阿姑仍然蒙著頭，疲憊地往前走：「實在好累，每天睡沒幾時，但是不能讓阿母知道，免得她又會煩惱！」當觀眾數到「五冬」時，阿姑在舞台上倒下了，演爸爸的建國在舞台上喊著：「誰來幫幫忙！」「拜託誰來幫幫忙！」舞台的燈暗了，回答爸爸心中的呼喊的，是一陣沉默；爸爸繼續喊著：「拜託幫幫忙！」「拜託幫幫忙！」此時時間像是靜止了，死寂的空氣，凝出年少的哭聲：「你怎麼不再等我幾年?等我唸完書！為什麼不等我賺錢給你治病、給妳享受！」舞台流出哀傷的歌聲。

當歌聲結束，導演請別人來演爸爸。請建國在旁邊看著這年少的爸爸，爸爸站在阿姑的身旁對著天公說：「祢為什麼那麼勢力，只看到有錢人，就不管我們無錢人，我發誓要出頭，不要再被祢壓！」導演邀請建國對年少的爸爸說說話，建國低聲的說：「我從小就覺得你看不起我，覺得你好勢力，只看到有成就的人，我也不只一次發誓要出頭，不再被你壓！現在我可以感受到你心中跟我一樣痛苦、一樣寂寞！」

第二幕的場景設在建國的家——「一個被天公眷顧、卻不容享受的地方」。

幾塊黃布代表著吳家的成就與榮耀，然而陰沉的爸爸，卻坐在角落看著窗外邊的風雨。建國進場，站在爸爸的身後喊了一聲：「爸！」爸爸嗯了一下，沒再搭腔。兩人沉默了許久，空氣又凝結

家族歷史與心理治療

了。若是在平常，建國一定會不安於這種冷瑟的氣氛而退縮，可是在舞台上，建國被導演鼓勵做些不同的。雖然是舞台，但是已經相當入戲的建國，依然忐忑地說了話：「又有颱風了！」爸爸無語的看著窗外，點點頭。建國繼續：「爸！你一定對我很失望，到現在一點成就都沒有，我一點也不像你的兒子，可是我也真的很努力了！」導演請建國去演爸爸，另外再找替身演建國，對爸爸說：「你一定很失望，我不像你，可是我真的很努力了！」導演請建國演的爸爸回答建國的話：「唉！工作三天兩頭的換，就是吃不了苦！」導演對爸爸說：「吳先生！你知不知道建國很在意你的眼光？」爸爸點點頭，導演繼續說：「而你大概也知道，他總是在等著有一天，可以證明給你看，他也是能出頭的！」「只是當年壓你的是天公，現在壓他的卻是你！你就像他的天公一樣！」「吳先生，當建國的天公，你感覺如何？」爸爸望著導演：「我不曉得我成了他的天公，我只是希望他能夠出人頭地，不要被人看不起，吳家的人永遠不要再遭受別人的『白目』！」導演拉起建國的手，看著爸爸懇切的說：「可是現在只有兩人給他『白目』，一人是你、一人是他自己；你希望他給自己『白目』嗎？」爸爸若有所思地搖搖頭。「你想當一個給兒子『白目』的天公嗎？」導演問著默然看著建國的爸爸。

第三幕　導演用兩個雕塑做為場景

　　劇場的一邊雕的是與天公爭的爸爸，天公站的高高的，而阿爸身上纏著各色的布條，一端由天公抓著，象徵老天爺對他的擺佈與控制，一心想要使這樂驚的孩子屈服。然而爸爸眼中露著不馴的眼神，透過布索與天公角力著。

劇場的另一邊，則是由另一位成員扮演爸爸站在高處，由建國的替身全身纏著束縛的布條，一端握在爸爸手中，而演建國的替身，蹲在爸爸的腳前，沮喪地望著嚴肅的爸爸。

　　導演問在一旁觀看雕塑的建國：「你在這一幕景中看到什麼？」

　　「我和爸爸的不同。」

　　「怎麼說？」

　　「同樣都被壓，但是他是不屈服的，而我卻像是乞憐的狗！」

　　導演繼續問：「你知道為什麼你們有這樣的差距嗎？」

　　建國垂著頭：「只是因為他吃過苦，而我不如他。」

　　「這可能是原因之一，起碼是他告訴你，而也是你相信了一輩子的原因。而我有另一個看法，你想參考一下嗎？」導演用詢問的口氣，對一旁的默然點頭的建國說：

　　「因為壓他的是無情的天公，而他對天公只有怨。壓你的是希望你出頭的爸爸，而你對他除了怨外，還有更多的愛恨情愁……。」

　　建國若有所思地沒作任何回應，劇場沉默了一會兒，導演請建國蹲在替身的位置：「建國！告訴爸爸，你為何無法像他一樣，跟頭上的壓力角力，而必須蜷屈在此，像條乞憐的狗！」

　　建國流著淚搖著頭：「不！我不能跟你角力，我也不能棄你而去，因為你是我爸爸！」

　　「我怕你會為我而難過，也怕你對我失望，但是我更怕離開你，你就會更孤單，更沒人陪你！」建國像是決堤般，越說越傷感。

　　「我想離開你，我想不在乎你，我試過了！我辦不到……」

　　「我既沒有辦法符合你的期望，又無法像你一樣站起來抗爭，

更沒辦法離開你，爸！我這幾年過的好苦……好苦！」建國似乎有說不完的委屈，繼續對爸爸訴說著：

「爸！你錯了！我不是沒吃過苦，我吃的苦比你吃過的都苦，你是被無情的天公所傷，我是被所愛的親人所傷！」

「爸爸！你沒被所愛的人傷過，這種苦真苦啊……」

「我吃過苦，我吃了好多苦，我是你的兒子，也都吃了好多苦，我跟你一樣沒被這苦擊倒……」

建國哭累了，聲音越來越微弱……

導演走到建國前面說：「又是颱風夜，走，我們一起帶爸爸去看山上的孩子，有沒有地方避雨。」

建國擦乾了淚站了起來，走到與天公角力的爸爸面前，對爸爸說：

「爸！那麼多年了！你也累了！」

爸爸輕輕地嘆口氣問到：「又是颱風夜了嗎？」

「是的！爸爸又是颱風夜了！」建國哽咽著。

「山上的孩子有地方避風雨嗎？」

「走！」建國把纏繞爸爸的束縛慢慢地解開。

「去哪？」爸爸望著兒子。

「去我去過的那山看孩子們！颱風夜了……」建國牽起爸爸的手。

此時劇場在兩人的背影中響起了輕美的樂聲，漸漸地落幕。

永遠的母親

君不見黃河之水天上來，

奔流到海不復回。
君不見高堂明鏡悲白髮，
朝如青絲暮成雪。
人生得意須盡歡，
莫使金樽空對月。
天生我才必有用，
千金散盡還復來。
……
……
五花馬、千金裘，
呼兒將出換美酒，
與爾同銷萬古愁。（李白「將進酒」）

　　瘦高的阿輝走到哪兒都滿醒目的，在團體中相當地活躍，像是個甘草人物。今年才三十的他，是做文字工作，翻譯過幾本書，偶爾在些刊物上發表過一些新詩，文采相當好，大學時代還得過全國性的大獎，是個校園才子。當兵的時候女朋友每天寄一首宋詞，讓阿輝衛兵時間過得快些。如今這位貼心的女孩，和他住在一起快四年了，所有的朋友都叫她「輝嫂」，可是倆人的終身大事擋了個阿輝的媽，所以那麼久還是得瞞著雙方老人家。只是女孩子家人急了，拼命安排「相親」，倆人也為這些事成天的吵，吵到分、再吵到合！像是孽緣般，剪不斷、理還亂！

阿輝的「家族故事」

　　陳家是地方上世代的旺族。在市區中心的黃金地段，曾經都是

　　　　　　　　　　　　　　　　家族歷史與心理治療

陳家的產業，甚至有些現在還在陳氏名下。嫡傳的子嗣不是做大生意，就是投入政圈，像雪球般越滾越旺！可是在這「陳氏王朝」中也有少數的兒孫，應驗了「富不過三代」這句話，青郎就是一個例子。青郎是陳旺家的老五，雖說是大姨生的，但誰都知道旺嬸早就吃齋了！家務就是大姨在持，精明能幹，裡外打點的井然有序。青郎是她的么子，像個寶一樣被家人捧著。

旺伯是陳氏宗族中最耀眼的一位生意人（現代人稱企業家），在光復前留過日，學的是「醫」，以後就跑著「貿易」，在內地和日本四處發展，越來越有名氣。青郎小的時候最常坐在長廊上，隔著紙門，聽著留聲機中放著華格納的交響曲，難得回家的阿爸用流利的日語，低沉地與穿和服的母親交談著，共譜出令青郎難以忘懷的畫面。

太平洋戰爭爆發的那一年，青郎才十一歲；阿爸卻在日本遇難，再也回不來了！幾個姨太吵著要分家，大姨苦撐了三年，得了「癆病」，折磨得不成人形終於也走了，家還是分了！

等不及成年的青郎，短短幾年成了孤兒。好在長他二十歲的大哥領著他長大。大嫂心地好，照顧得沒人說閒話，青郎也乖順的當個太平少爺，哪裡知道屬於他的那份財富，卻越來越縮水。也許是個性罷！青郎從不過問錢財，十六七歲的少年郎，每天和幾位氣味相投的同學忙著玩西洋畫，拜師學藝、開畫展、玩社團；朋友們都稱他多才多藝，頗有才氣。然而家族中都看他是個「卒仔」，大哥只要這個弟弟不找麻煩，樂的讓他風花雪月地過著年少日子，以免過問家產這種「大人的事」。

民國五十（1961）年台灣掀起了選美熱，在這街坊擠在一起看電視的年代裡，不少鄉親們一面盯著螢幕上參選的年輕小姐們婀娜

地在台上走來走去，一面傳著誰家的女兒因為還父親的債也這樣拋頭露面。青郎在這個熱潮中，也出了一些風頭，頂著陳家子嗣的金字招牌，再加上也算是「風雅」人士，被主辦單位邀請了籌辦「地方選美大會」，把一個本來就流言四處的城中，炒的「熱滾滾」。也在這一年認識了落選美女——玉鳳。這位也是出生世家的千金，雖然不算家道中落，但是自視甚高的父親，銀行副理當了十多年，縱使是多少人羨的「金飯碗」，卻怎樣都不覺得比同宗的親戚風光，多年來總在抱怨中過日子。玉鳳是他「心肝」，聰明漂亮，從小為他爭了不少面子。但也被慣壞的孩子，唸了時髦的「女子商校」後，人就像「野馬」般地管不住，目不識丁的媽媽為她不知流乾了多少淚。如今街坊都知道李家的「黑貓」要參加「選美」，大家也像看熱鬧似的一面搖旗吶喊「為地方爭光」，一面搖頭探氣「為家族蒙羞」！玉鳳的爸攔都攔不住，只好任由女兒「給她去」！但是心中也暗自盤算女兒可以為他爭口氣，萬一遇上拍「映像」的，成了名也不錯！沒想到這隻「野馬」玩選美玩一半竟認真的談起戀愛來，對方還是陳旺的子嗣，有頭有臉的「陳青郎」。雖然地方輿論對他風評不一，但是玉鳳的爸心想的是門當戶對，自己的女兒有機會做陳家的媳婦，算是風光體面了。

　　玉鳳心儀青郎的風采與情趣，與他在一起永遠有好玩的。一年後兩家熱熱鬧鬧的辦了個婚禮，不到二十歲的「黑貓」進了「侯門」般的陳家。婚後的日子，年長十歲的夫婿對妻子還算體貼，然而玉鳳已漸漸發現其實青郎只是個被廢的「東宮太子」，虛有其表靠著兄嫂，自家的財產早就被大哥吃了不少。更讓玉鳳生氣的是：不爭氣的夫婿像是個憨人般，任其「宰割」，不敢有絲毫異議。為此不知跟他番了多少次，青郎總以「養育之恩」、「錢財是身外之

　　　　　　　　　　　　　　　　家族歷史與心理治療

物」的理由，安於守著一份乾薪和有名無實的「副總」頭銜，繼續當他的「太平少爺」，一天一天敷衍地過日子。

　　玉鳳對這位「無能」的「卒仔」丈夫失望透了，頂著千金小姐的脾氣，要為青郎和自己的前途出頭，和「大哥」正面衝突過不知多少次，讓整個陳氏家族都集體起來排斥這對「卒仔」與「妖女」的結合。終於「大哥」使了手段，「遣散」般的給了這麻煩的小弟一筆錢，從此分家，青郎徹底的成了「卒仔」。但樂天知命的他，倒沒什麼怨言，「青菜蘿蔔」地開起咖啡館，挺時髦的小生意，但是每天客人不多，朋友不少，勉強擺個門面。這個頭路在玉鳳眼中根本是塊不上進的料，好些親友紛紛來關心，更讓她丟盡了臉！孩子又接二連三地生下沒用的女娃兒，玉鳳怎麼也沒想到自己會淪落到這種下場。

　　七〇年代，正當台灣中小企業起飛，大家都想做點小貿易的時機，玉鳳向娘家親戚借了些錢，連自己嫁妝都當了，橫了心頂了個小鞋場，做起外銷鞋的出口生意。仗著自己聰明漂亮，手段又圓融，訂單一批接一批，每天忙得焦頭爛額，不出幾年終於打出了一片江山，賺了不少錢，為自己爭了口氣。然而不成材的丈夫，還是每天忙著搞攝影，不是躲在暗房，就是藏在山中！咖啡館成了攝影社，賺來的錢全部貼給攝影器材還不夠。玉鳳想到這個姻緣就怨，如花似玉的年齡上了陳家的大當，被折磨這麼許多歲月，好在靠著自己一人把場面撐了，但是人也老了！阿輝是自己盼了八年（1970）才生的兒子，也算是給對不起她的陳家一個交待，然而陳家欠她的債，也是要讓這男孩背著，所以從小就對他有較高的期望，起碼這孩子不能像他爸一樣當一輩子的「卒仔」。

　　阿輝小的時候還算爭氣，唸書總是名列前茅。可是不知怎麼的

與醫科就是無緣，考了兩年上了心理系，後來又把自己轉進了哲學。留著長髮、帶著耳環、還手挽個「老芋仔」的女兒回鄉。街坊指指點點的，把玉鳳氣個半死，連在台北的生活費都不給他。沒想到兒子像老子般的，索性睹氣連暑假都不回來，靠著打工家教把書給讀完了，卻也惹來親戚的閒言閒語，有的說她是「妖女」，連自己的兒子都欺；有人說他是「歹竹壞筍」「卒仔」的後生，沒什麼出息！阿輝和阿母的關係，非常惡劣地過了他年少輕狂的日子。直到當兵後從姊姊那得知，長年操勞持家的阿母得了子宮癌，雖然發現的早，癒後情況不錯，但是人開始逐漸消沉，已不覆往昔般的活力。姊姊痛斥這弟弟的自私，跟爸爸一樣只顧自己歡喜，從不顧家人。而陳家這一宗連個像樣的男人都沒有，都是要靠女人撐。

　　阿輝回家了，決定不和爸爸同款做浪子。可是在阿母的公司上班，才幾個月終究受不了這樣的日子，於是再次傷了阿母的心，回到台北，卻怎麼也揮不去阿母消瘦的臉頰，在夜夢中用失望的眼神如同鬼魅般望著他！阿輝也沒勇氣回家，更沒勇氣傷害她！連在電話中聽到她冷峻的聲音，都讓他喘不過氣。於是時間像是「刀」般，讓母子倆人間的裂痕越來越深。在台北他與曉文的日子已經習慣了，輕淡的像茶、溫馨的像茶、甘甜的也像茶。在這沒人知道陳氏家族，沒人看他是「卒仔」。然而「神雕俠侶」的夢，還是敵不過世俗的牽絆、時間的考驗、家庭的包袱和阿母失望的眼神…。

阿輝的「家族劇場」

　　第一幕　導演在舞台上佈了三個景，讓時光倒流了四十年。一個角落是擠在一堆指指點點看著電視機的家族親人；一個角落是由阿輝扮演的青郎風光地喚人做差事打點選美盛會；還有一個角落是

　　　　　　　　　　　　　　　家族歷史與心理治療

才十八歲的玉鳳落落大方的接受記者攝影。這個年代發生了好多大事：「梁祝熱潮」、「影響中國現代化的胡適過世」、「甘乃迪總統遇刺」，還有，對阿輝來說，「爸爸認識了媽媽」。在導演的安排下，場邊放的六〇年代流行的歌曲「舊情綿綿」，青郎挽著玉鳳散步在河畔，儂儂細語。玉鳳道出了落選的委屈，青郎的好言安慰，並且再三保證，應許玉鳳有一個幸福的未來。導演這時間演青郎的阿輝說：

「你對婚姻生活有怎樣的希望？你覺得怎樣的日子是你能給玉鳳的？」

阿輝沉思了一下，像是在用心體會青郎的想法，黯然的說：

「抱歉！我沒有辦法體會爸爸，從小我就跟他太陌生了！」導演就請阿輝演媽媽玉鳳，接著在觀眾中邀請：

「有沒有人聽了阿輝的故事，可以揣測青郎這個角色的？」團體沉寂了一陣，跳出來一位中年男人。

「謝謝你林桑！」導演安排他進入青郎的角色後問媽媽：

「玉鳳！妳是位來自名門的女孩，又曾受過不少的掌聲，對於未來的婚姻你有什麼盼望嗎？」

「我希望有個疼我的先生，還要一個讓人瞧得起的家！不要像我平庸的爸爸一樣，走到哪好像都矮人一截！」

「青郎你呢？」導演問。

「我喜歡過輕鬆快樂的日子，錢只要夠用就好，我想嫁到陳家來沒人敢瞧不起吧！這點大可放心。」青郎狀似樂觀的回答。

第二幕　導演迅速地接上了五〇年代盛大的婚宴。

在傳統氣氛中，新娘披上那時最流行的白紗，引起不少來賓議論。接下來場中放出了結婚進行曲，新郎新娘緩緩地走在紅布毯

上。導演詢問扮演新郎的阿輝：

「走在這紅毯上有什麼感受！」

「有點飄飄然的，但是也有點茫茫然的；好像心中還沒真的準備好，但是看到漂亮的新娘和眾人羨慕的眼神，不禁覺得自己從沒這樣的體面過！」導演又請阿輝離開爸爸的角色去演媽媽。

「玉鳳！快要成為陳家人了，妳心中在想些什麼？」阿輝似乎對扮演媽媽比較容易有體會：

「很矛盾！不甘心就這樣結束我的青春，我還有很多的夢想，想要出人頭地、想要讓人看得起我。不知道陳家的人會不會看不起我們家，我也不知道嫁到陳家，是我人生成功的開始，還是夢想的結束！」

「他們都說青郎是太平少爺，這讓我有些不放心。但是我又覺得他蠻體貼的，起碼會疼惜我。」導演邀請扮演媽媽的阿輝，對爸爸說說心裡的話：

「青郎！今後你就是我的丈夫了，你可要有出息，為我和我家爭些面子！」

劇場響起「舊情綿綿」，導演讓阿輝離開了扮演的角色，請別人演青郎和玉鳳，配合著背景音樂慢慢地走在紅毯。

「阿輝！這是他們倆一生當中最重要的時刻，也是你生命的源頭，看到他們併肩走在紅毯，你有什麼心情在心中？」導演問阿輝。

「我從來不曾想過這畫面，從小我就覺得他們兩人像是陌路人般，媽媽忙著公司的生意，爸爸忙著過他的太平日子，見了面媽就開始數落，爸像是菩薩一樣，只是不吭氣的陪著傻笑！」

「那麼你現在看到他們也可能曾經擁有過這樣的日子，對你有

什麼新的意義？」導演繼續問著阿輝。

「不知道！我只是覺得有些衝擊，不習慣。」阿輝思索了一陣，突然有點嘲諷地說道：

「我覺得爸爸如果娶的是曉文就好了！」

「怎麼說？」

「曉文也是那種只要興趣，可以三餐吃泡麵的人！雖然她很有才華，但是她最怕成功，怕日子變得複雜，最好每天窩在家裡作自己喜歡的事！」

「阿輝！我發現你在講起曉文的時候是神采奕奕的！」導演帶著鼓勵的態度對阿輝說：

「你要不要直接告訴爸爸，你愛上的是個怎樣的女孩？」阿輝有點腼腆的吞吐起來：

「爸，那次我帶曉文回家，只有你的臉上有笑容！」

「我想你大概會支持我。」阿輝接著有些激動的從口中吐出了幾個字：

「沒用的！一點都沒用的！」

導演立刻機警地回應：

「告訴爸爸，什麼東西沒有用？」

阿輝的眼眶裡泛著淚：

「從小我就覺得你沒有用！」

「媽媽說你都不會賺錢！別人說你是『卒仔』！」

「小的時候被媽媽打，你也不來幫我……。就算是你支持我，在這個家也是沒用的！」導演等待著阿輝略為平靜，就邀請阿輝扮演爸爸，對他說：

「爸爸！阿輝是你的兒子，你經常在自己的生活圈裡，使得他

很少機會接近你。此刻聽到他心中的聲音，你有什麼想法？」阿輝在爸爸的角色上，好像越來越自發了，面對導演的詢問，卻直接對演阿輝的成員說：

「阿輝！許多事，爸爸看在眼裡，卻藏在心裡；曉文是個單純的女孩，她能不衝著你的錢，和陳家的勢，苦等你那麼多年，實在不容易，不要辜負了人家！」「爸！可是媽怎麼辦？」扮演阿輝的成員也自發的問。

「媽媽就是這樣計較太多！你該多跟爸爸學，不要管她，做你自己想作的，不要在乎別人怎麼想！」

「可是就因為你都不在乎，才害得我們從小就要受到比別人更大的壓力。媽媽就怕我跟你一樣，你卻要我跟你一樣；像你一樣的不負責任、不管家人嗎？」父子倆在劇場上自發的對著話，導演與觀眾們屏著氣息，似乎在等待黎明的曙光。「阿輝你對我有很多的不瞭解，爸爸對不起你們孩子！可是如果要按照你媽媽過生活的標準，我實在做不到，做不到成為她心目中理想的男人。」演爸爸的阿輝，說到這裡沉默了許久，像是心中百感交集。

導演接著將兩個角色互換：讓演爸爸的阿輝去演阿輝自己，再請別的成員來演爸爸，對著阿輝說：

「爸爸對不起你們！可是我實在做不到你媽媽的要求，只好躲得遠遠的！」導演對阿輝說：

「阿輝！聽到爸爸這麼說，你心中有什麼感覺？」

「我覺得我跟爸爸一樣，做不到媽媽的要求，也只好躲得遠遠的。現在我又無法對曉文有交待，所以又想躲得遠遠的；我覺得我的人生都在躲、都在逃……！」

「你想對爸爸說些什麼嗎？」導演問。

家族歷史與心理治療

「爸爸！我從小就怕像你，可是我卻越來越像你了！」

「不！孩子你還有些不像我，你愛的女人不像我愛的女人，她希望過的生活，不像你媽媽要的日子。還有我逃避這個家、逃避婚姻的期望，但是我沒有逃避我對生活的看法，多少年來不管別人的言語，我沒有逃避我自己對人生的態度，只是妳媽媽不接受、不瞭解、不認同！」聽爸爸這番話，阿輝默然了許久才開口：

「我真的可以跟爸爸一樣嗎？」導演輕聲回應著：

「阿輝，這樣的困惑藏在你心中已有一段時間了，不是嗎！」阿輝點點頭若有所思的說：

「好久了！從我大學轉到哲學系這聲音就在我心中。」導演牽著阿輝說：

「走！讓我們問問媽媽去！」

第三幕　劇場迅速的換了場景，舞台上出現臥病在床的阿母，疲憊的沉睡著。

阿輝輕聲的走進，凝視了許久，有些哽咽地從喉嚨發出沙啞的聲音：

「媽！我回來了！」阿母仍然沉睡著，導演鼓勵阿輝再大聲一些：

「媽！我回來了！」說完這句，阿輝掩著面，卻掩不住心中的百感交集，哭出聲來。

「你回來做什麼！」阿母緩緩地張開眼，沒好氣的說。

「媽！我對不住妳，我實在沒有辦法符合妳期望，去過你希望我過的日子。」阿輝有點膽怯的說。

「免講了！反正你們陳家的男人都一樣。」

「媽不要那麼說嘛！」

「那你要我怎樣說，說你好、說你能幹、說你躲在台北，跟你老爸一樣能幹！」阿輝面對媽媽的指責，毫無力氣的低頭不語。導演問：

「阿輝你怎麼了！」

「唉！」阿輝嘆了好大一口氣：

「沒用的，她永遠也不會接受我的，她永遠也沒有辦法瞭解我想要的生活是什麼！」

導演：「那你想要的生活到底是怎樣的日子？」

「我不是說過了嗎！粗茶淡飯沒甚麼不好，我喜歡文字工作，我喜歡和曉文一起過日子。就這樣子！為什麼她不肯放過我？」

導演似乎靈感一現：「走！我們再去看看媽媽的婚禮，讓我們的劇場再回到四十年前好嗎！」

第四幕　觀眾們一陣手忙腳亂地，讓場上再出現了玉鳳與青郎的婚禮。

導演將阿輝帶到玉鳳面前，才十八歲的小姐馬上要出嫁了，默默地坐在閨中，等待她一生命運的改變。場中沉默了一會兒，好像都在感染著這待嫁的心情。

「阿輝！不可否認的，這女孩在她的年代是個勇敢的女人，敢表現她的美麗與才華，敢享受自由戀愛的滋味，和敢嫁給自己選擇的對象，而不管別人說她『妖女』也好！『黑貓』也行！她敢去追求她所要的，……阿輝！你也跟我一樣，看到她的勇氣嗎？」

聽完導演這一段不算短的評論，阿輝的反應是沉默著……。

「來，阿輝！你來演這個敢追求自己幸福的女孩。」

當阿輝坐在玉鳳的位子上，進入這十八歲女孩的角色時，導演請阿輝的替身出場對他說：「你是阿輝，你剛從時光隧道過來，所

　　　　　　　　　　　　　　　家族歷史與心理治療

以你知道這女孩的命運，告訴她嫁給青郎以後的日子會怎樣，勸勸她不要那麼傻，做陳家的媳婦不好當！」

扮演阿輝的替身很快就會過意來，走到由阿輝扮演的玉鳳前說：「媽！我是你婚後十多年才有的兒子，唯一的兒子，還是個過得不快樂、不敢追求自己幸福的兒子！」

「媽妳知道嗎？嫁給青郎以後的日子真的不好受，陳家看不起妳我，爸爸也無法滿足妳，還要靠妳撐起一個門面，讓陳家看得起我們……」

「辛苦的半輩子，身體也壞了，心裡也涼了！為的是什麼？為的是什麼？」阿輝努力地說服玉鳳。

「媽！不要嫁了！不要嫁就不會有這些折磨，也不會有我的痛苦…」

「媽不要嫁啊……」阿輝說完，抓起玉鳳想讓她離開馬上要展開的婚禮，導演也順勢牽了許多布條，拉著玉鳳象徵四面八方的阻力，同時要拉布條的成員，發出陳氏家族的聲音：

「黑貓！」

「妖女！」

「這女人怎麼配得上陳家！」

「青郎就是愛玩，把這種女人娶進門！」

「她家敗掉，才來貪陳家財產的……」觀眾席發出此起彼落的聲音。

這些拉扯中，有個更大的聲音，似乎有許多的憤怒與不捨：

「媽！我們不要嫁啦！不要給他們糟蹋啦……」這是阿輝的呼喊。

導演問演玉鳳的阿輝：「玉鳳！妳瞭解妳的處境，陳家不好

嫁，萬一妳也知道未來有一段辛苦的歲月，妳還是要嫁嗎？」

玉鳳低著頭，從嘴中堅定的吐出：「會的……我還是要嫁。」

「為什麼妳這麼堅決，像飛蛾撲火！」導演狀似不解的問。

「我也不知道，或許這就是我的命……」

「我以為妳是不向命運低頭，才嫁給青郎的？」

「是嗎？……我本來也這樣子認為，但是誰又知道什麼是命呢！」玉鳳有些無奈地說完，沉吟了許久：「或許我不肯低頭的是這環境，是這些人……，而我早就命裡注定，該要為我的父親爭一口氣，早就命中有青郎來來扯我的後腿，到後來命中得靠自己來為阿爸爭氣，而不是靠青郎，不是靠陳家。」玉鳳繼續對阿輝說：

「孩子！讓我去吧！這是我的命，沒人可攔的……」

說完就用力的拖著束在身上的千斤重擔，往前掙扎蹣跚地走到青郎跟前對他說：

「為爸也好，為你也好，為命也好，我就是把自己許了你！」

此時導演請替身離場，讓阿輝來演自己，看到媽媽和爸爸站在禮堂前。對阿輝說：

「阿輝，再次看到自己生命的源頭……想說些什麼嗎？」

導演看到已經相當疲累的阿輝，眼中泛出淚光地回應：

「他們真的不簡單……相戀得不簡單，結婚也不簡單，在一起過日子更難……」

「是的！但是他們都沒放棄，都很努力在追求自己的夢，或順應著自己的命！」導演邊說邊在夫妻倆身上批上金紗：

「或許你與他們有同樣的顏色，為了自己的夢也好！愛也好！或是命也好！掙扎努力的不肯輕言放棄……。」

阿輝凝視著玉鳳和青郎，導演也將阿輝的替身放在他們中間，

與他們分享著美麗的金紗：

「來！阿輝用你的心靈，替這美麗的畫面照張相，讓它永留你心中……」導演輕聲的對阿輝說。同時場中揚起了「舊情綿綿」。

在台灣歷史中做「家庭重塑」

經常的，在鄭玉英老師與我的工作中，會遇到一些家族的故事，緊緊地與大時代的脈動連在一起，而無法分割。許多過去課本所讀的一些歷史事件，居然鮮活的出現在許多當事人的生命中，而更感嘆於歷史的一個事件，會牽動那麼深的影響一個家庭發展。以下我整理了一些記憶中的「台灣事」，常出現在「家庭重塑」的工作中。有許多的時候，我們相當懊惱對台灣現代歷史知識太少，而在尋找出來的資料，做一些反省與討論。更有許多時候在「家庭重塑」中深感於，雖然同生於一個時代，遭遇到同樣的環境變化，卻因為所處的地理、社會、經濟條件不同，而有相當大的差異經驗。

一、土地改革

民國三十八年，國民政府實施三階段的土地改革：三七五減租、公地放領以及耕者有其田。在此之前原屬農業社會的台灣，有三百多萬的農民，而其中有四成是佃農，自耕農只有三成。經過土地改革後，自耕農提升為八成半，也就是說絕大多數的農民有了自己的農地。

雖然台灣的土地改革後來被認為是締造「台灣奇蹟」的重要經濟政策之一，但是卻有一些地主在握有事業股份及土地債券後，有

的經不起時空的考驗，有的不知如何處理時髦的股票証券，不但無法如大地主般（辜家、連家等）成功的轉型為「企業家族」，反倒因為諸多因素而「家道中落」，形成不少的「落難公子」，頂著大家族的過氣的名聲，卻高不成低不就的過日子。有的無法適應環境的變化，因此而抑鬱終生。當然也有的從此奮發，在其它專業上展現頭角。總之這些「落難公子」的際遇，也影響到下一代。而成為「家庭重塑」的探索者，透過活動的安排，漸漸地體會上一代的心情。

　　而經過放領土地後的自耕農，多年後卻因為土改制度的僵化，以及自耕農的土地繼承問題，使農地不斷的分耕形成小農，又無法應付工商社會的變遷，人口大量外流，農村自然日趨凋敝，農民生活更加困難。在「家庭重塑」中經常聽到台灣農家的辛苦，有的將所有的希望投資在一個孩子（通常是男孩）身上，讓他能接受高等教育，而其他的孩子只能像老一輩般認命地望著天、守著田；或各憑本事希望闖出一片天，大都市就成了他們追夢的地方。不少的年輕男孩女孩被工廠吸收，甚至更慘的被不良份子利用，成了都市的邊緣人。而這些追夢的孩子很容易就結婚生子，當了年輕的父母，教養下一代，開始他們人生的另一種挑戰。

二、養女文化

　　養女是上一代的特產，由於大環境的關係，當時的「文化邏輯」與現在不同。把親生的女兒送到別人家去撫養長大，原因很多，或是因為貧窮，或是在那個不懂得避孕又以男性為中心的時代裡，女兒生得多了，出嫁時又是一筆開銷一份麻煩，不如早早給她找個歸宿。省下了養得美美的再嫁人時的心中不捨。至於為什麼要

領養別人的女兒呢？各家庭也有不同的動機，生不出孩子，領一個來做伴或寄望領個孩子好能招來弟妹；也有的父母想要早早給自己的兒子找個理想媳婦，與其等到兒子長大才娶個別人養大的女孩做媳婦，還不如自小養在身邊，從頭調教，可以完全照自己心目中的樣子來塑造。當然也有找個養女來使喚，增加一個勞動人口的，不聽話時，打罵得又不會心疼。（鄭玉英「家庭重塑」工作心得記錄）

　　依據民國四十年的官方統計，當時的養子女約十七萬多個孩子。而其中養女有十二萬多，大多數是被當做婢女或童工在使用。而也有嚴重的將她們賣入妓女戶，成了人口販賣的社會問題。在那個年代的社會事件中，養女往往以弱勢的處境，被社會正義關懷，因此在民國四十年，由國民政府發動「保護養女運動」，並在台北市成立「台灣保護養女運動委員會」。從此每年接獲不少的養女申訴案件。但是正式全面的法律保障，則是在民國六十二年的「兒童福利法」通過到民國八十二年的修定後，才規定了「兒童人權的保障」是公領域的責任。

　　「今日的台灣，養女文化幾乎已經絕跡了，代之而起的是合法與專業的收養與出養。但是我們這一代的母親和祖母，仍還有不少過去的送養經驗，影響著她們如何看待自己的性別和人生。在家庭重塑的過程中，追溯到上一代時，這是常常出現的主題，成為「養女」的兒女，又怎麼消化這一段家庭歷史呢？」（鄭玉英「家庭重塑」工作心得記錄）

三、老莫的第二個春天

　　民國三十八年政府遷台，國民軍也重新歸隊。許多基層的職業軍人，來自大陸各地區，開始了終身的軍旅生活。大多數的他們當

初「從軍」的動機與機緣都不一樣，有人是自願，也有人是被強迫，但是後來的處境卻都差不多淪為異鄉客，並且都抱著很快就回去與家人團圓的打算。但是隨著時局的變化，這打算變成心願，最後變成夢想。直到民國七十六年，兩岸開放探親，才圓了這四十年的夢，但是少小離家老大回的感慨，卻讓他們再度心碎；而不改的鄉音在台灣四十年，卻成為年輕一代的笑柄。

這些從大陸撤台的「職業軍人」在台灣被稱為老兵或「老芋仔」。不管是否已經退伍多年，這個稱號變成他們終生的「烙印」，如同臂上「反共抗俄」的圖騰標記般，象徵著世代交替間的嘲諷與政治鬥爭的悲劇。這批族群四五十年來，不管到那塊土地似乎都被「異化」和「邊緣化」，有人單身一輩子成為獨居老人，有人討了本地的老婆，而文化的差異使得彼此適應面臨許多困難。等孩子都大了，卻還是無法與家人分享那「鄉愁」，倒又被戴上另一個帽子：「不認同這塊地和這個家」！

在「家庭重塑」中，我們也經常透過他們的孩子，體驗到「老兵不死，只是凋零」的傷感，成為他們的家人，也承擔了另一種悲壯與淒涼的美感：

枯藤、老樹、昏鴉，
小橋、流水、平沙，
古道、西風、瘦馬。
夕陽西下，
斷腸人在天涯。

心理專家的毛病：斷章取義症候群

美國後現代學者薩伊德（E. Said）在其對現代知識份子的批判中，認為每位知識份子的職責，就是宣揚代表特定看法、觀念、意識形態，當然希望它們能在社會發揮作用。因此知識份子所信仰的看法，似乎比事情更為重要。

別以為與自己最親的人，我們就越了解，事情正好相反，常常因我們的「自以為是」而更容意對對方「斷章取義」。也無怪乎家人不像朋友「近」，婚姻不如工作「親」。林家夫婦婚齡已經三十幾年了，林太太經常的口頭禪就是：「老林他眉毛一動，我就知道他心裡有什麼鬼！」林先生坐在一旁陪著笑點著頭，這是他在家中一貫的作風：「陪笑點頭」，可不同於在外邊的「呼風喚雨」。重要的不是他心中有什麼「鬼」，而是在這位「大言不慚」的太座面前，還真給足了她面子，至於倆人有多「親」有多「近」，那還真不知拿誰心中的尺作準。

不要以為「學問好」可以免疫於這種「斷章取義」的病症，事實上，學問越大越容易「自以為事」。尤其是「專家」這類族群是最容易罹患「斷章取義」症候，因為有時太「專」了，常認為一粒沙就是一整個世界。物理學家認為世界就是物理，心理學家認為世界就是心理，經濟學家認為世界就是經濟。孰不知物理也好、心理也好、經濟也罷，都是宇宙神妙的一部分，而只是在大千世界中「上下文」間的「一段文」。偏偏我們的文明是由專家建構的，社會因此每天都有不同的「專家」，「自以為是」地將「斷章取義」得來的「見解」販賣給我們。於是我們也「一知半解」的，今天多

吃些「維生素 E」，明天多買一點「電子股」，使我們的生活變成了「碎形知識」的「奴役」，如同「神權」時代般過著被擺佈的日子。

其實我們生活為了「斷章取義、自以為是」所付出的代價已經很高了。從親子的衝突，婚姻的糾紛、政治的鬥爭、族群的對立、宗教的爭戰等等。發生這些令人惋惜的不幸，總有錯綜複雜的諸多因緣，與萬般無奈。但是抽絲剝繭的，總是會發現「斷章取義」的酵母，和「自以為是」的蛀蟲把關係給壞了、把信任給毀了、把眼給蒙了、把耳給塞了、把心給硬了、把事給擰了、把世界也攪亂了。

心理治療的中古價值

薩依德認為，不管知識份子是如何假裝他們所代表的是屬於更崇高的事物，或更終極的價值，都脫開不了世俗活動的利益，以及符合這利益的普遍倫理。這些活動在哪發生，為了何人的利益，是否符合一致普遍的倫理……。」

美國社會工作學者 David Howe 整理了前現代、現代、與後現代的社會工作意識形態的轉變，認為現代社會工作仍然無法忘情於追求「真」、「善」、「美」的「中古時代價值」，因此非常強調「關懷」、「科學」與「控制」。然而真、善、美的標準是多元的，並非能以單一的優勢文化、中產階級、或專家經驗能夠定義化、標準化的。因此單一價值的專業意識，是違反對多元文化的尊重精神。類似這種多元性的觀點，因為牽涉到了助人工作的基本哲學（本質觀與非本質觀）的論戰，而也影響了助人工作看「問題」

的眼光，處理「問題」的方法。

其實心理治療工作本就脫離不了「權控」的色彩，只是在以「人本」與「人道」起家的心輔專家們不太習慣用這種眼光來看待自己的專業。心理治療工作的「權控」是中產階級意識與社經弱勢間的，是知識領域與草根民俗的，也是專家與素民間的；若從後殖民觀點來看，甚至是外來強勢文化價值與本土弱勢文化價值間的。當然心理治療專業工作者鐵定站在「知識」、「專家」與「外來強勢文化」這邊，而擁有了助人工作的「合法性、優越性，與正義性」：

優越性：我們的知識優於你們的常識；

正義性：我們的知識告訴我們你們是需要改變的；

合法性：我們有足夠的地位來協助你的生活的改善。

在權力與控制的觀點下，心理治療事實上，也會形成複雜的「權控」關係，而使我們的案主，在心理學知識的詮釋下，失去他的主體性。

一個宇宙還是好多宇宙

天下萬物

生於有

有生於無　〔道德經〕

後現代的治療喜歡用「社會建構」的觀念來看待心理困擾與心理治療。其中敘事治療法就是典型的代表。既然「事實」是被建構出來的，那麼「事實」就不只有一個「事實」，而是「多元事

實」。後現代的系統理論稱其為「Multiverse」，而相對於「Universe」。既然「事實」是多元的，因此在策略上「選擇」怎樣的「真實」對我們的工作最有利，最能幫助我們完成工作目標，對我們來說就是最適合的「真實」，才能使案主立足於社區和家庭中；而「家庭重塑」的工作是要「選擇」最適合的事實，來達成我們的工作目標。所以如果當事人覺得應該以心理病理的角度來瞭解自己的困擾，似乎我們不應認為這是錯的。同樣的，若當事人在劇場中體驗到自己家族歷史中雖然有許多的苦楚，但苦得很美，令自己與他人感動，則這種美感的體驗，似乎也是另一種價值，可以超越「健康與疾病」、「痛苦與幸福」、「改變與不改變」的價值。

後現代的治療認為，每一個症狀都有一個故事，治療則是另一個故事，人生本來就只是一些故事。我們面對「當事人」，不是要判斷那個「事實」是「真」的，而是重新改變一個建構，來形成另一個「事實」。

對台灣來說，「家庭重塑」可以是「薩提爾模式」般，以改變「當事人」的事實，成為一個「需要改變的事實」、「需要成長的事實」的治療性工作；也可以是以「多元文化」和「審美」的觀點，來捕捉「另一個建構」。而在這個建構中，當事人無需改變，不一定要成長，只需要瞭解生活的困擾，生命的無常，心中的感慨也是一個「美的事實」。且看一生起伏的蘇東坡，如何在顛沛中「重塑」了他的「美的事實」：

莫聽穿林打葉聲，
何妨吟嘯且徐行。
竹杖芒鞋輕勝馬，
誰怕？一簑煙雨任平生。
料峭春風吹酒醒，
微冷！山頭斜照卻相迎。
回首向來蕭瑟處，
歸去！也無風雨也無晴。（蘇軾「定風坡」）

國家圖書館出版品預行編目資料

家族歷史與心理治療：家庭重塑實務篇／王行著.
--三版.--臺北市：心理, 2002（民 91）
面；　公分.--（心理治療系列；22033）
參考書目：面

ISBN 978-957-702-504-3（平裝）

1.心理治療

178.8　　　　　　　　　　　　　91004568

心理治療系列 22033

家族歷史與心理治療：家庭重塑實務篇（第三版）

作　　者：王行
總 編 輯：林敬堯
發 行 人：洪有義
出 版 者：心理出版社股份有限公司
地　　址：231 新北市新店區光明街 288 號 7 樓
電　　話：(02) 29150566
傳　　真：(02) 29152928
郵撥帳號：19293172　心理出版社股份有限公司
網　　址：http://www.psy.com.tw
電子信箱：psychoco@ms15.hinet.net
駐美代表：Lisa Wu（lisawu99@optonline.net）
排 版 者：辰皓國際出版製作有限公司
印 刷 者：辰皓國際出版製作有限公司
初版一刷：1994 年 3 月
二版一刷：1996 年 1 月
三版一刷：2002 年 4 月
三版十刷：2017 年 1 月
I S B N：978-957-702-504-3
定　　價：新台幣 250 元

■有著作權‧侵害必究■